AF456751

RÉPUBLIQUE FRANÇAISE

GOUVERNEMENT GÉNÉRAL DE L'INDOCHINE

ADMINISTRATION DES TRAVAUX PUBLICS

# RAPPORT

SUR

# LA CRUE DU FLEUVE ROUGE ET LES INONDATIONS DU TONKIN EN 1915

PAR

M. PEYTAVIN

*Ingénieur auxiliaire des Travaux Publics.*

HANOI-HAIPHONG

IMPRIMERIE D'EXTRÊME-ORIENT

1916

# LA CRUE DU FLEUVE ROUGE ET LES INONDATIONS DU TONKIN EN 1915

## RAPPORT

Le présent rapport a pour objet principal l'étude de la crue exceptionnelle du Fleuve Rouge en juillet 1915 et des graves inondations qui en furent la conséquence. Cette étude présente un grand intérêt pour l'avenir ; malheureusement il nous a été impossible de lui donner toute l'ampleur et l'exactitude qu'elle comporte, par suite du manque de documents précis et de personnel expérimenté. On pourra néanmoins dégager des renseignements que nous avons pu recueillir quelques leçons qui auront leur utilité lors de l'établissement du programme d'aménagement définitif des eaux dans le Delta du Tonkin.

Ce rapport sera divisé comme suit :

Chapitre I. — Le Fleuve Rouge et son Delta (considérations générales).

Chapitre II. — La crue du Fleuve Rouge en juillet 1915.

Chapitre III. — Les inondations du Delta du Tonkin en 1915.

Chapitre IV. — Etude sommaire de l'aménagement des eaux dans le Delta du Fleuve Rouge.

Chapitre V. — Récapitulation générale. — Conclusions d'ensemble.

### CHAPITRE I

#### LE FLEUVE ROUGE ET SON DELTA

Le Fleuve Rouge prend sa source au Yunnan non loin de Tali-fou et se jette dans le golfe du Tonkin après un cours de 1.300 km. Il traverse le Tonkin du N. O. au S. E. sur un parcours de 650 km. environ. Au Yunnan, il coule dans une gorge profonde qui commence seulement à s'adoucir à Man-hao, terminus de la navigation par jonques. Jusqu'à Lao-kay, confluent du Nam-thi, la vallée est encore très resserrée ; elle s'élargit peu à peu à partir de ce point et non loin de Yên-bay apparaissent les premières plaines alluvionnaires endiguées. Mais le Delta proprement dit ne commence qu'à Viétri, au confluent de la Rivière Noire et de la Rivière Claire. La vallée s'épanouit alors brusquement jusqu'aux contreforts du Ba-vi et du Tam-dao et l'endiguement devient général.

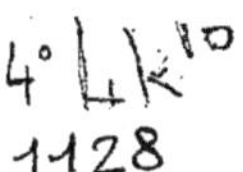

Le bassin du Fleuve Rouge et de ses deux grands affluents mesure approximativement à l'amont de Viétri 120.000 km2, savoir :

| | | |
|---|---|---|
| Fleuve Rouge. . . . . . . | 50.000 km2 | |
| Rivière Noire. . . . . . . | 45.000 km2 | 120.000 km2 |
| Rivière Claire. . . . . . . | 25 000 km2 | |

Comme on le voit, le bassin de la Rivière Noire est à peu près de même importance que celui du Fleuve Rouge ; il a également la même longueur, la même configuration et jouit du même régime. Par suite de ces coïncidences, les crues de ces deux rivières concordent généralement et leur débit est proportionnel à l'étendue des bassins. La Rivière Claire au contraire a un bassin de forme et d'orientation toutes différentes constitué par plusieurs bassins secondaires qui n'ont pas le même régime et dont les crues coïncident rarement. Pour ces motifs, l'influence de la Rivière Claire sur les crues du Fleuve Rouge est souvent inférieure à l'étendue de son bassin.

Le bassin du Fleuve Rouge est en général déboisé, sauf dans les vallées où l'humidité entretient une végétation très dense de bambous nains et hautes herbes ; les plateaux du Yunnan sont dénudés depuis longtemps et les versants, ravagés par les défrichements abusifs et les incendies annuels, perdent peu à peu la végétation qui les protégeait. Pendant quelque temps les hautes herbes remplacent les arbres, mais sous l'action répétée des incendies ces hautes herbes font place à la paillotte et quand les ruissellements ont entraîné la couche de terre végétale, la paillotte elle-même disparaît et les versants apparaissent alors dans la nudité désolée dont les montagnes du Delta offrent un frappant exemple. Ce mal va chaque jour en augmentant sans qu'on puisse y porter un remède effectif. Les bassins de la Rivière Noire et de la Rivière Claire actuellement plus boisés que le précédent seront dans peu d'années dans le même état et pour les mêmes causes. Ces déboisements inconsidérés accentuent le régime torrentiel des affluents du Fleuve Rouge et font prévoir une augmentation progressive de la violence et du niveau des crues ainsi que du volume déjà trop considérable des apports. La durée des crues diminuera sans doute quelque peu, mais c'est là une faible compensation car le principal danger pour le Delta et le plus difficile à combattre réside surtout dans leur hauteur excessive et non dans leur durée.

Le bassin du Fleuve Rouge dans sa partie inférieure est soumis au régime des moussons et présente deux saisons caractérisées ; la saison sèche et froide du 1er octobre au 30 avril et la saison chaude et pluvieuse du 1er mai au 30 septembre. Le régime des moussons qui est à peu près régulier en Cochinchine devient assez irrégulier en augmentant de latitude et déjà au Tonkin les limites des saisons sont assez mal tranchées et la hauteur des pluies très variable d'une année à l'autre. A Hanoi, on a enregistré les hauteurs extrêmes suivantes : 1 m. 01 en 1895 et 2 m. 55 en 1896 avec une moyenne de 1 m. 68 dont les 2/3 au moins tombent pendant les 5 mois de la saison des pluies. Les renseignements exacts manquent sur la partie supérieure des bassins située en Chine et dépourvue de stations météorologiques. Il est donc difficile d'établir des règles précises sur le rapport qui existe entre la hauteur des pluies en divers points des bassins et le niveau des crues ; tout ce que l'on sait c'est que dans la partie haute du Fleuve Rouge et de la Rivière Noire la saison des pluies est sensiblement en avance sur le Tonkin. Il arrive fréquemment que la crue de ces Rivières atteint son point culminant alors que le Delta souffre encore de la sécheresse. Tel a été le cas en 1915.

Les grandes crues du Fleuve Rouge se produisent généralement en juillet et août. La date moyenne déduite de celle des crues observées depuis 1884 tombe le 13 août. Les crues supérieures à la cote (10 m.) à Hanoi, se rencontrent rarement en dehors de ces deux mois ; 4 fois en 30 ans, savoir : 28 juin 1904 — 29 juin 1905 — 2 septembre 1909 — 4 octobre 1905. Par contre elles sont très fréquentes pendant ces deux mois ; 13 années sur 30 et parfois 2 et 3 fois dans la même année.

La cote de Hanoi constitue pour la généralité du public la base d'après laquelle il juge de l'importance des crues. Cette base est mal choisie, car la cote de Hanoi est influencée par deux défluents, Day et Canal des Rapides, dont le débit n'est pas proportionnel à la hauteur des crues et par les ruptures de digues en amont qui abaissent plus ou moins le niveau du fleuve. La cote de Viétri, à l'aval des grands affluents, à l'amont de tous défluents et à l'extrémité du Delta, donnerait des renseignements plus exacts sur l'importance réelle des crues et permettrait de calculer la cote probable à Hanoi, mais la durée de propagation des crues de Viétri à Hanoi, qui n'est que de 12 heures, ne laisse pas assez de temps pour prendre des mesures de protection exigées et avertir les populations. C'est pourquoi, on utilise de préférence pour ce calcul, les cotes du Fleuve Rouge et de ses affluents en certains postes d'observation situés à l'amont de Viétri. Ces postes sont les suivants :

| | | |
|---|---|---|
| Yên-bay sur le Fleuve Rouge : | Durée de propagation jusqu'à Hanoi : | 36 h. |
| Hoa-binh sur la Rivière Noire. | — : | 24 h. |
| Tuyên-quang sur la Rivière Claire. | — : | 36 h. |

Le débit du Fleuve Rouge à l'étiage moyen des basses eaux (2 m. 50) est de 800 mètres cubes ; celui des plus fortes crues est compris entre 30 et 35.000 mètres cubes à la seconde. Cette énorme masse liquide s'écoule à travers le Delta en partie par le Fleuve Rouge lui-même et en partie par plusieurs défluents qui sont sur la rive droite : le Day, le canal de Phu-ly, le canal de Nam-dinh et le Sông Ninh-co et sur la rive gauche : le Sông Ca-lô, le canal des Rapides, le canal des Bambous et le Sông Tra-ly.

Nous étudierons plus loin, le fonctionnement de ses défluents ainsi que la question de hauteur comparée et de débit des crues.

Le Fleuve Rouge et ses défluents sont bordés de digues en terre qui limitent le lit majeur et protègent les cultures contre l'inondation. Le réseau de ces digues est très étendu ; il mesure 2.000 km. environ pour le Fleuve Rouge et ses défluents, et à ces digues principales il faut encore ajouter le réseau des digues secondaires qui est tout aussi long. Ces réseaux s'étendent chaque jour par la construction de digues maritimes et de digues d'assèchement. L'origine des digues principales est en général très ancienne ; cependant certaines d'entre elles et des plus importantes sont d'une date relativement récente. D'après les habitants l'endiguement complet des provinces de Ha-dông, Phu-ly et Nam-dinh ne remonterait pas au delà d'un siècle. L'établissement de ces digues a été livré au hasard, sans étude d'ensemble et sans programme déterminé, les autorités indigènes n'ayant pour se guider que des données expérimentales très vagues. Ce n'est que depuis l'occupation française et spécialement depuis 1909 que la question de renforcement des digues anciennes et de construction de digues nouvelles a été mise sérieusement à l'étude suivant un programme bien défini dont l'exécution se poursuit méthodiquement à l'aide des crédits importants affectés chaque année à ce travail.

L'endiguement général du Delta qui a rendu pendant de nombreux siècles de grands services à la population présente également des inconvénients dont la gravité devient de plus en plus apparente. Il empêche tout colmatage à l'intérieur des casiers et tandis que le lit du fleuve s'allonge et s'exhausse peu à peu le niveau des terrains protégés reste toujours le même. Aujourd'hui l'on rencontre des cuvettes très basses (cotes 0 m. 50 à 1 m. 00), inférieures au niveau de hautes marées, à 80 et 100 kilomètres de la mer et en certains points le niveau des crues domine de plus de 8 mètres celui des rizières environnantes.

L'évacuation des eaux pluviales tombées à l'intérieur des casiers présente de grosses difficultés. Les collecteurs de casiers débouchent soit librement, soit à l'aide d'écluses, dans les grandes artères d'évacuation. Dans le premier cas les crues des artères remontent dans l'intérieur du casier, inondant toutes les parties basses pendant des périodes plus ou moins longues. Dans le second cas l'évacuation ne peut se faire que quand le niveau de l'artère d'évacuation est inférieur à celui du collecteur, circonstance assez rare par suite de la coïncidence des crues ou du refoulement des marées ; toute évacuation est donc le plus souvent impossible et les parties basses se trouvent inondées par les eaux pluviales. Dans un cas comme dans l'autre de vastes surfaces sont perdues pour la culture qui ne le seraient pas si le niveau des cuvettes était plus élevé. Les travaux d'assèchement en cours constituent une amélioration notable, mais il n'existe aucun remède absolu à cette situation en dehors du colmatage qui présente lui-même des difficultés majeures.

Le lit mineur du Fleuve Rouge est très mobile ; le fond est constitué par des bancs de sable très étendus qui changent de forme ou se déplacent aux moindres crues modifiant continuellement la direction des courants, lesquels rongent peu à peu l'une des deux berges, généralement la berge concave. Ces érosions, si on ne les arrête pas, finissent par atteindre le pied des digues entraînant leur rupture. Le problème de fixation des berges est des plus délicats à cause de la nature inconsistante des terrains. Les épis et revêtements, minés à leur base ou pris à revers par les courants et remous, s'affaissent lentement et parfois sont emportés d'un bloc au moment des crues. Il faut les surveiller et les entretenir d'une façon permanente qui devient à la longue très coûteuse et ne donne souvent que des résultats incertains.

Le lit majeur du Fleuve Rouge est très irrégulier comme largeur, section et direction. Il présente une succession d'étranglements et d'épanouissements auxquels correspondent des variations symétriques dans la vitesse et le niveau des crues. Tantôt les courants sont trop forts et menacent les digues ; tantôt ils sont trop faibles et ne peuvent entraîner les apports qui se déposent sur place. Entre les digues et les berges du lit mineur ainsi que sur les îles et bancs de sable, de nombreux villages se sont établis qui offrent à l'évacuation des eaux l'obstacle chaque année plus dense de leurs haies de bambous. Certains de ces villages construisent même des digues pour protéger leurs cultures, diminuant d'autant la section utile d'écoulement. Aucune réglementation n'existe à ce sujet. L'amélioration du lit majeur n'a pas été envisagée sérieusement jusqu'ici, parce qu'il était impossible, faute de données exactes, d'en calculer à l'avance les résultats. Dans l'exécution on se heurtera certainement à la résistance des villages intérieurs ou extérieurs aux digues et qu'il faudra sacrifier.

Le Delta du Tonkin est formé de la réunion des Deltas du Fleuve Rouge et du Sông Thai-binh. Ce dernier fleuve a un bassin relativement petit par rapport à ses exutoires, larges et nombreux ; aussi ses crues sont-elles généralement peu élevées et de courte durée et ses inondations prennent rarement un caractère désastreux. Le réseau des digues du Delta du Thai-binh est beaucoup moins important comme longueur et comme section que celui du Fleuve Rouge et pour certains casiers ce réseau est incomplet de telle sorte que ces casiers sont exposés aux inondations sans qu'il en résulte de graves inconvénients. Le Thai-binh reçoit deux grands défluents du Fleuve Rouge : le canal des Rapides et le canal des Bambous dont les apports contribuent largement à l'accroissement de son Delta. Par suite de la hauteur réduite des crues du Thai-binh, ces défluents ont toujours une forte pente au moment des grandes crues du Fleuve Rouge; mais lors des crues moyennes cette pente diminue et le débit des défluents dépend alors du niveau des eaux dans le Bassin du Thai-binh. En 1915 il n'y eut ni de crues ni d'inondations conséquentes dans ce bassin ; c'est pourquoi nous en limitons l'étude à ces quelques lignes.

Le Delta du Fleuve Rouge de Viétri à la mer mesure à vol d'oiseau 160 km. environ de longueur et une superficie de 10.000 $km^2$. Il s'allonge chaque année par suite des apports considérables de limons et de sables. Le Fleuve Rouge tient en suspension, en toutes saisons, des limons argileux et colorés qui lui donnent la teinte spéciale dont il tire son nom. Le poids de ces limons varie de 0 k. 500 par mètre cube pendant la période des basses eaux à 1 k. 800 en juin au moment des premières crues. Ces chiffres assez élevés sont dans leur ensemble supérieurs à ceux du Mékong, du Nil et du Fleuve Jaune, qui possèdent de vastes deltas. Le poids annuel de ces limons atteint 130 millions de tonnes représentant 80 millions de mètres cubes. Le volume des sables entraînés dans le fond du lit doit être au moins égal à celui des limons, ce qui donne pour les apports à la mer un volume total annuel de 160 millions de mètres cubes, susceptible de colmater sur un mètre d'épaisseur une surface de 16.000 hectares. Arrivés à la mer, ces apports sont emportés en partie par les courants sous-marins ; le reste se dépose, formant des lais de mer qui s'étendent insensiblement allongeant le Delta d'une quantité qui doit atteindre près de 10 km. par siècle aux bouches du fleuve, si l'on en juge par l'allongement des bouches du Day sur lequel on possède un renseignement à peu près exact. Le canal de Sông-an qui limite à l'Est le casier de Phat-diêm, fut construit, paraît-il, il y a 70 ans, sous la direction du Père Six sur les bords des lais de mer de l'époque ; or ces lais de mer ont reculé depuis lors de 8 km. soit environ 100 mètres par an. Ce chiffre n'a rien d'absolu ; on ne sera définivement fixé qu'après de longues années d'observation ; ce qui est certain c'est que le Delta s'allonge et avec lui le cours du fleuve dont la pente générale et la vitesse se trouvent ainsi diminués d'une façon lente, mais permanente. Les résultats de cette diminution sont insensibles, envisagés à travers de courtes périodes ; à la longue cependant, elle produit une surélevation du niveau moyen des crues qui se propage peu à peu de l'aval à l'amont du Delta. Cette cause de surélevation des crues ajoutée à plusieurs autres (colmatage du lit majeur, obstruction du lit mineur, ensablement et fermeture des défluents, déboisements des hautes régions, etc...) constitue pour l'avenir du Tonkin, une menace qui va toujours en s'aggravant et complique singulièrement le problème d'aménagement définitif des eaux dans le Delta.

## CHAPITRE II

### LA CRUE DU FLEUVE ROUGE EN JUILLET 1915.

*Niveau de la crue.* — La crue de juillet 1915 a atteint à Hanoi le niveau le plus élevé (11 m. 64) que l'on ait enregistré depuis 1884, époque à laquelle remontent les premières observations. Cette crue exceptionnelle est due simplement à des pluies intenses et prolongées, sans typhon ou dépression barométrique anormale ; mais ces pluies, généralisées dans tous les hauts bassins, ont occasionné des crues violentes et simultanées du Fleuve Rouge et de ses deux grands affluents : la Rivière Noire et la Rivière Claire. La crue de la Rivière Noire a été particulièrement forte ; d'après les habitants c'est la plus importante qui se soit produite depuis plus de soixante ans.

Voici les cotes de ces crues avec l'heure de leur maximum (1).

Fleuve Rouge à Yên-bay : 31 m. 86 le 11 juillet à 6 h. du matin.

Rivière Noire à Hoa-binh : 10 m. 02 le 11 juillet à 6 h. du soir.

---

(1) Les échelles de Hoa-binh et de Tuyên-quang ne sont pas rattachées au nivellement général du Tonkin ; leur zéro correspond à peu près à l'étiage des basses eaux.

Rivière Claire à Tuyên-quang : { 13 m. 72 le 10 juillet à midi.
13 m. 32 le 11 juillet à 6 h. du matin.

Fleuve Rouge à Viétri : 16 m. 27 le 12 juillet à 6 h. du matin.

Fleuve Rouge à Hanoi. { 11 m. 64 le 11 juillet à 8 h. du soir.
10 m. 33 le 12 juillet à 6 h. du soir.

La concordance horaire est absolue pour Yên-bay et Hoa-binh, en tenant compte de la durée de propagation depuis ces deux postes jusqu'à Hanoi. L'avance de 18 heures de la Rivière Claire correspond à une baisse de 0 m. 40 dans cette rivière et à une baisse de 0 m. 02 à Hanoi. Cette avance est donc négligeable dans la circonstance et l'on peut dire que toutes les crues ont été en concordance à leur arrivée à Viétri, le 12 à 6 h. du matin. La vitesse de propagation de Viétri à Hanoi étant de 12 h. le maximum aurait donc dû se produire à Hanoi le 12 à 6 h. du soir avec une cote plus élevée que la veille. Or, nous voyons que ce maximum s'est produit le 11 à 8 h. du soir, 22 heures avant l'heure calculée. Cette anomalie est due aux ruptures de digues survenues à l'amont de Hanoi ou non loin vers l'aval pendant les journées des 11 et 12 juillet. Pour avoir une idée exacte de la crue, il faudrait connaître la cote maximum que la crue aurait atteint à Hanoi sans ces ruptures. Ce problème, si intéressant à tant de points de vue, peut être résolu rapidement, avec une exactitude suffisante, à l'aide d'une formule expérimentale déduite par M. l'Ingénieur Normandin, de la comparaison entre la montée des crues, durant une période déterminée, en divers postes à l'amont de Hanoi et la montée à Hanoi, en tenant compte de la durée respective de propagation. Les postes choisis sont ceux que nous avons indiqués plus haut : Yên-bay, Hoa-binh et Tuyên-quang. La formule est la suivante :

$M = 0{,}50\ m^1 \times 0{,}45\ m^2 \times 0{,}04\ m^3$

M = montée probable à Hanoi pendant une période déterminée.

$m^1$ = montée à Yên-bay antérieure de 36 h. à celle de Hanoi.

$m^2$ = montée de Hoa-binh — 24 h. —

$m^3$ = montée à Tuyên-quang — 36 h. —

Cette formule ne tient pas compte de certains affluents importants tels que le Sông-chay. Il semble que le choix du poste de Phu-doan au confluent de cette rivière et de la Rivière Claire aurait été préférable à celui de Tuyên-quang (1). Quand on sera mieux renseigné sur le régime du Fleuve Rouge, de ses affluents et de ses défluents on pourra établir une formule plus précise ; en attendant la formule de M. Normandin est largement suffisante pour tous les calculs que l'on peut avoir à faire et qui ne sont qu'*approximatifs*. Nous avons calculé à l'aide de cette formule les cotes de la crue de 1915 et à titre de comparaison, nous avons fait le même calcul pour la crue de 1913 qui est également une des plus fortes que l'on ait observées.

---

(1) Les observations à l'échelle de Phu-doan en 1915 sont incomplètes ; elles ne commencent que le 16 juillet, 5 jours après le maximum de la crue en ce point. Il nous a donc été impossible d'établir une nouvelle formule d'après les montées à cette échelle.

Voir à la fin du rapport le tableau comparatif de ces deux crues et les graphiques correspondants.

L'exactitude *relative* des calculs et par suite de la formule ressort du simple rapprochement entre les cotes calculées à Hanoi et les cotes observées en amont. Les différences ne sont que de quelques centimètres en plus ou en moins; le plus souvent la concordance est parfaite.

En examinant ce tableau on constate qu'en 1915, la crue à Hanoi, en supposant qu'il n'y ait pas eu de ruptures et que les digues aient été assez hautes, aurait atteint la cote (12.92) le 12 juillet à 6 h. du soir au lieu de la cote 11.64, maximum observé le 11 juillet à 8 h. du soir. Pour permettre de juger de l'importance de la crue de 1915, nous donnons ci-dessous le tableau des plus fortes crues depuis 1884 avec leur double cote observée et calculée.

| DATES DES CRUES | COTES OBSERVÉES | COTES CALCULÉES | DIFFÉRENCE | OBSERVATIONS |
|---|---|---|---|---|
| | mètres | mètres | mètres | |
| Août 1893... | 10.80 | 13.00 environ | 2.20 | Les renseignements sur cette crue sont douteux. |
| 14 août 1904... | 10.93 | 12.98 | 2.05 | Fonctionnement déversoirs Vinh-yên. Coupure du Day à Lam-diên. |
| *12 juillet 1915*.. | 11.64 | *12.92* | 1.28 | Rupture de Xam-thi à l'aval Hanoi et ruptures à Phuc-yên et Bac-ninh, commencement rupture de Liên-mac. |
| 22 août 1913.... | 11.38 | 12.32 | 0.94 | Rupture digue R. D. Fleuve Rouge à Phuong-da et Nghia-lô (Son-tây). |
| 25 juillet 1911.. | 11.25 | 11.90 | 0.65 | Rupture digue Fleuve Rouge aval Sông Ca-lo et Vinh-yên. Ruptures sur Canal des Rapides. |
| *2 août 1915*... | 8.98 | *11.71* | 2.73 | Ruptures de Xam-thi et Liên-mac toutes deux très importantes. |
| 6 juillet 1904.. | 10.58 | 11.60 | 1.02 | Fonctionnement des déversoirs Vinh-yên. |
| 21 juillet 1899... | 10.90 | 11 55 | 0.65 | Fonctionnement partiel des déversoirs du Vinh-yên. |
| 11 août 1913.... | 11.05 | 11.47 | 0.42 | Ruptures digues R. G. Fleuve Rouge à Vinh-yên et Phuc-yên. |
| 2 sept. 1909... | 11.05 | 11.05 | 0.00 | Pas de ruptures amont Hanoi. |
| 29 juin 1904.... | 10.20 | 11.00 | 0.80 | Fonctionnement partiel des déversoirs du Vinh-yên. |
| 18 août 1894... | 10.90 | 10.90 | 0.00 | Pas de ruptures importantes amont Hanoi. |
| 17 juillet 1902... | 10.30 | 10.70 | 0.40 | Fonctionnement partiel des déversoirs du Vinh-yên. |

De l'examen de ce tableau il ressort que la crue du 12 juillet 1915 arrive en 3e rang, avec un niveau sensiblement égal à celui des crues qui lui sont supérieures ; lequel se rapproche de la cote (13.00) que l'on peut considérer comme cote normale des crues réellement *exceptionnelles*. Cette cote ne représente cependant pas le maximum. Les crues du Fleuve Rouge et de la Rivière Claire ont été en 1915 inférieures à certaines crues antérieures ; la Rivière Noire seule atteignait le niveau le plus élevé que l'on connaisse. Si l'on prend les cotes maxima observées à Yên-bay (34.00), Hoa-binh (10.12) et Tuyên-quang (13.82) et que l'on admette la concordance des crues, ce qui est dans le domaine des possibilités, le niveau atteindrait, *théoriquement*, la cote (14.00) à Hanoi. Or, actuellement le réseau des digues est arasé et renforcé pour résister, en principe, à des crues de cote (11.20), mais, en réalité, la cote de sécurité absolue ne dépasse pas (10.70), malgré les grands travaux de renforcement exécutés pendant ces dernières années. Ce chiffre est inférieur de 3.30 à celui du maximum possible et de 2.30 à celui des crues exceptionnelles. Ces différences démontrent à elles seules l'impossibilité de surélever et renforcer les digues d'une façon suffisante pour la protection absolue et définitive du Delta.

L'étiage moyen des basses eaux à Hanoi est à la cote (2,50). En 1915, il est descendu à la cote exceptionnelle (1 m. 74). La hauteur apparente de la crue de 1915 est donc de près de 10 mètres et sa hauteur réelle sans ruptures de digues, de plus de 11 mètres. Ces hauteurs sont anormales pour un point situé en plein Delta, sur un grand fleuve et à 160 km. à peine de la mer dont les marées d'une amplitude de 3 m. 40 à l'embouchure se font parfois sentir jusqu'à Hanoi même. Sur cette courte distance la chute, au moment des basses mers, atteint 13 m.00, soit une pente moyenne de 0 m. 08 par kilomètre qui imprime à l'énorme masse liquide des crues une vitesse considérable de 2 m. 50 à 3 m. 00 à la seconde contre laquelle tous les moyens de protection actuels sont insuffisants. Cette hauteur exagérée des crues est due uniquement à l'endiguement général du Delta et à l'insuffisance de débouché, car le débit du Fleuve Rouge, comparé à celui de plusieurs autres situés sous la même latitude, n'est pas hors de proportion avec l'étendue de son bassin.

*Regime de la crue.* — En suivant, sur le tableau, la colonne des cotes calculées, on remarquera qu'il y a eu en réalité deux crues violentes et consécutives du Fleuve Rouge ; la première que nous connaissons, le 12 juillet et la seconde le 2 août avec une cote de (11.71) correspondant à une très forte crue. Or celle-ci a passé complètement inaperçue à Hanoi où ce jour-là l'échelle du Pont Doumer ne marquait que la cote (8 m. 98), étiage moyen des eaux à cette époque. L'énorme volume d'eau (8 000 $m^3$) manquant au fleuve et représenté par une baisse de 2 m. 73, passait presque en entier dans la brêche de Liên-mac dont nous parlerons plus loin. En supposant que la crue du 12 juillet n'ait pas eu lieu, les ruptures de digues qui se sont produites le 11 juillet alors que la cote à Hanoi était de (11.64) se seraient produites à fortiori, le 2 août avec la cote (11 m.71). Le désastre était donc inévitable.

Aux yeux du public, la crue de 1915 passe pour avoir été relativement courte, tandis que la crue de 1913 est considérée comme exceptionnellement longue. Le tableau comparatif montre que ces opinions, basées sur les apparences, sont contraires à la réalité. Les deux crues de 1915 auraient eu, sans les ruptures, une cote supérieure à 10.00 pendant 28 jours au lieu de 24 jours pour les deux crues de 1913. Le volume débité en 1915 pendant cette période est également supérieur à celui de 1913. L'allure et le régime de ces crues sont d'ailleurs tout différents. En 1915, il y a eu deux crues bien caractérisées, causées par des montées rapides et simultanées de tous les affluents ; en 1913, il n'y a eu en réalité qu'une crue prolongée due principalement à la montée lente et progressive de Yên-bay sans concordance avec les montées de Hoa-binh et Tuyên-quang. En 1915, c'est la Rivière Noire qui a exercé une action prépondérante sur le niveau de la crue à Hanoi, tandis que en 1913, c'est le Fleuve Rouge. L'action de la Rivière Claire est à peu près égale dans les deux années, mais comme nous l'avons dit, cette action est de bien moindre importance que les précédentes. Quoi qu'il en soit toutes ces crues sont remarquables par leur niveau et leur durée et fatalement elles devaient entraîner des ruptures et submersions de digues et l'inondation consécutive de certains casiers du Delta.

*Débit comparé de la crue.* — M. Rouen, Ingénieur chef du Service de l'Hydraulique au Tonkin, a trouvé, d'après des profils du fleuve, levés aux environs de Son-tây, un débit moyen de 31.000 $m^3$ pour la crue de 1915. Ce chiffre est inférieur à la réalité, car à l'emplacement des profils, le niveau avait été fortement influencé par plusieurs ruptures de digues survenues en amont et par le remous d'abaissement de la rupture de Liên-mac qui devait se faire sentir bien au delà de Son-tây. Il doit correspondre à une crue de 12 m. 40 à Hanoi et non à une crue de 12 m. 92, cote de 1915. En élevant le plan d'eau de 0 m. 50 sur les profils de jaugeage, on trouve un débit de 35.000 $m^3$ que l'on peut adopter pour la crue de 1915.

Pour permettre la comparaison entre les diverses crues nous donnons ci-dessous un tableau des débits à Son-tây, en amont de tous les défluents et à Hanoi à l'aval du Day et du canal des Rapides. Les premiers ont été obtenus par la formule dite du Mississipi $U = 8.30 \sqrt{R} \sqrt[4]{I}$ et d'après un profil moyen du fleuve sur lequel on a fait varier de mètre en mètre le niveau de l'eau ; les seconds sont tirés du rapport de 1913 de M. Normandin. La différence des deux représente le débit des défluents. Tous ces chiffres ne sont qu'*approximatifs*, mais leur approximation est suffisante pour donner une idée exacte de la progression du débit des crues suivant leur hauteur.

| COTES DES CRUES A HANOI | DÉBITS A SONTAY | DÉBITS A HANOI | DIFFÉRENCES — DÉBIT DU DAY ET DU CANAL DES RAPIDES | OBSERVATIONS |
|---|---|---|---|---|
| (14.00) | 43.000 m3 | 27.000 m3 | 16.000 m3 | Crue maximum. |
| (13.00) | 35.500 | 23.000 | 12.500 | Crue exceptionnelle. |
| (12.00) | 28.900 | 19.300 | 9.600 | |
| (11.00) | 23.100 | 16.000 | 7.100 | |
| (10.00) | 18.000 | 13.000 | 5.000 | Crue ordinaire. |
| (9.00) | 13.400 | 10.200 | 3.200 | |
| (8.00) | 9.000 | 7.850 | 1 150 | Faible crue. |

De la cote (10.00), crue ordinaire, à la cote (13.00) crue exceptionnelle, le débit augmente considérablement (17.500 $^{m^3}$) soit près du double. Pour qu'une crue exceptionnelle se produise, il faut par conséquent que des circonstances atmosphériques également exceptionnelles règnent à la fois dans toute l'étendue des bassins. Cette coïncidence, qui se produit assez rarement dans des bassins très étendus, est, dans le cas actuel, plus fréquente qu'on ne pourrait le supposer par suite de la similitude de configuration et de régime des bassins du Fleuve Rouge et de la Rivière Noire qui sont de beaucoup les plus importants. C'est pourquoi, on a vu ces crues se reproduire à des dates relativement rapprochées (1893-1904-1915) soit tous les dix ans et il est à craindre qu'elles ne soient aussi fréquentes à l'avenir.

D'après ce tableau, le débit maximum de la première crue de 1915 serait de 35.000 mètres cubes et celui de la seconde de 27.400 mètres cubes. Pour 1913 on trouve 31.000 mètres cubes et 25.800 mètres cubes. Pendant la seule journée du 12 juillet 1915, le volume d'eau passé à Son-tây atteint 2.800 millions de mètres cubes. Il faudrait, pour évacuer facilement un tel volume dans un délai aussi court, des exutoires deux fois plus importants que ceux qui existent actuellement. Le débit à Hanoi au moment où l'échelle marquait (11.64) était de près de 18.000 mètres cubes. Ce volume qui est le plus fort que les digues protégeant la ville aient pu jusqu'ici contenir, était encore inférieur de 5.000 mètres cubes à ce qu'il aurait dû être en réalité sans les ruptures.

*Régime du Fleuve Rouge et de ses défluents en 1915.* — Nous avons fait lever des profils en long de la crue du Fleuve Rouge et du Day. Ce long et important travail s'est heurté à de multiples difficultés (repères de nivellement et repères de la crue, rares et douteux, échelles d'observations emportées, opérations tardives, renseignements inexacts, opérateurs indigènes inexpérimentés, etc.....). Nous avons dû le faire reprendre à plusieurs reprises et vérifier les points essentiels. Grâce à ces précautions, nous pouvons garantir l'exactitude générale de ces deux profils ; on peut les utiliser, en confiance malgré quelques points douteux, pour l'étude de la régularisation et de l'aménagement des lits majeurs. A ces profils, sont jointes des cartes indiquant l'emplacement des points et la configuration du lit majeur. Il nous a été impossible, faute de moyens, de faire le même travail pour les autres défluents et particulièrement pour le canal des Rapides dont l'action est des plus importantes pour l'évacuation des crues.

*Profil de la crue du Fleuve Rouge.* — Ce profil commence à Chiêu-duong, en face Viétri, en amont du confluent de la Rivière Claire. Les cotes de la crue ont été prises sur la digue rive droite du fleuve et les distances mesurées suivant l'axe général du lit majeur. La ligne ainsi obtenue ne donne pas une idée absolument exacte du régime normal des crues par suite des ruptures qui modifient les pentes jusqu'à une certaine distance vers l'amont et vers l'aval. C'est pourquoi nous avons indiqué approximativement, d'après la marche horaire de la crue et le profil de 1913, la courbe réelle des crues aux abords des ruptures, en supposant que celles-ci n'aient pas eu lieu.

Le profil est divisé en 4 sections correspondant à des changements de régime :

| | | |
|---|---|---|
| 1re Section. — de la Rivière Claire au Day (Ba-duong). . . . | 39 | km.500 |
| 2e Section. — du Day au canal des Rapides (Hanoi). . . . | 24 | |
| 3e Section. — du canal des Rapides à Nhu-trac, point de refoulement des marées en temps de crue. . | 79 | 200 |
| 4e Section. — de Nhu-trac à la mer. . . . . . . . . . | 75 | 800 |

On remarquera tout d'abord que la pente moyenne de ces sections augmente progressivement de l'amont vers l'aval. Cette anomalie est due vraisemblablement à la diminution du débit en aval de chaque défluent. Cette diminution implique nécessairement une augmentation parallèle de la pente afin que les vitesses puissent conserver une valeur constante, nécessaire pour l'évacuation régulière des apports jusqu'à la mer. Le fleuve s'est créé son lit suivant cette loi d'équilibre. S'il n'y avait pas de défluents, il est probable et même certain que la progression de ces pentes changerait de sens. L'examen détaillé de chaque section conduit aux constatations suivantes :

*1re Section.* — Au km. 19, à Son-tây, abaissement au profil au-dessous de la ligne de pente moyenne. Cette dépression, que l'aspect du lit majeur ne justifie pas, doit provenir d'une observation douteuse à l'échelle de Phu-xa. Cette échelle ayant été emportée par la crue, fut remplacée par des échelles provisoires sans doute mal rattachées au nivellement général. Cette erreur est d'autant plus vraisemblable que l'on trouve pour 1915 une cote inférieure à celle de 1913 (14.59) alors qu'à Viétri, elle est plus forte de 0 m. 20. Cette même différence devrait exister à Son-tây et les indigènes disent qu'elle a réellement existé. Il est donc probable que le niveau de la crue de 1915 a atteint à Son-tây la cote (14.79) qui donne des pentes se rapprochant de la pente moyenne.

L'évacuation du Day cause en apparence une chute négligeable ; en réalité, cette chute qui correspond à une pente de o m.061 par kilomètre est importante, si l'on veut considérer que le lit majeur à l'origine de ce défluent présente un large épanouissement de plus 5 kilomètres sur lequel la pente devrait être inférieure à o m. 04 par kilomètre.

2e *Section*. — Entre les km. 39 et 55, fort relèvement du profil au-dessus de la ligne de pente. Cet exhaussement, qui aurait été bien plus accentué sans la rupture de Liên-mac et les ruptures de Phuc-yên, est dû, indiscutablement, au brusque étranglement du lit majeur à Thuy-thuong (250 mètres de largeur au lieu de 1 km. en moyenne vers l'amont) qui gêne d'une façon sérieuse le libre écoulement des crues. Cette gêne se traduit, quand il n'y a pas de ruptures, par une chute de o m. 90 sur 5 km. environ soit une pente moyenne de o m. 18 qui doit donner des vitesses supérieures à 5 mètres à la seconde. Le profil n'indique pas l'évacuation du canal des Rapides, soit par suite d'une cote douteuse, soit par suite des perturbations causées dans le niveau de la crue par la rupture de Liên-mac.

3e *Section*. — Entre les km. 75 et 89, relèvement de profil. Ce relèvement est bien caractérisé malgré les trois coupures de Dai-lo, Xam-duong et Xam-thi. Il ne peut être attribué qu'aux deux étranglements importants de Xam-co et Tu-duong (250 mètres de largeur) qui séparent les deux larges biefs de Dông-tri et Luu-khê. La chute totale sans ruptures serait de 1 m. 50 sur 9 km. environ, soit une pente de o m. 17 par kilomètre et une vitesse supérieure à 4 mètres à la seconde.

Entre les km. 101 et 108, étranglement de Lat-duong d'une largeur inférieure à 250 mètres. Le profil ne dessine pas nettement cet obstacle, parce que les points étant très éloignés, le remous de retenue en amont n'est pas apparent.

Au km. 121, étranglement de Yên-lac, moins accentué que les précédents (450 mètres). Sa chute se confond avec celle de la rupture de Nê-châu. Nous avons indiqué la courbe normale sans cette rupture. Elle s'écarte peu de la ligne de pente générale.

Entre les km. 132.500 et 134.900, chute d'évacuation par le canal des Rapides. Cette chute aurait été sans doute légèrement plus forte sans la rupture de Nê-châu.

Entre les km. 139 et 142, chute due à l'étranglement de Doi-xuyên d'une largeur inférieure à 200 mètres. Cette chute est très prononcée = o m. 64 sur 3 km. soit une pente de o m. 20 par kilomètre et une vitesse de 4 à 5 mètres à la seconde.

4e *Section*. — Dans cette section, l'influence des marées sur le niveau de la crue augmente peu à peu de l'amont à l'aval ; au delà du canal de Nam-dinh, le volume de la crue réduit encore par le canal et par le Sông Tra-ly, n'exerce qu'une faible action sur le niveau général et les irrégularités du lit majeur passent inaperçues à côté des variations dues à l'amplitude des marées. C'est pourquoi nous n'avons pas fait exécuter dans cette partie de nivellement qui n'aurait eu aucune signification. Cependant les obstacles à l'écoulement rapide des crues sont aussi nombreux qu'à l'amont, mais ils doivent être étudiés d'une manière toute différente. En regardant la carte on voit que le lit majeur se rétrécit régulièrement en se rapprochant de la mer. On peut expliquer cette anomalie d'abord par la réduction de débit et ensuite par la nécessité d'avoir des courants assez forts pour chasser au large les dépôts qui, sans cela, pourraient obstruer les embouchures et occasionner des divagations du lit mineur dans les plaines en formation du Bas-Delta.

Tels sont les principaux enseignements qui se dégagent de l'examen du profil de la crue du Fleuve Rouge en 1915. Quoique ce profil soit faussé en partie par les ruptures qui atténuent les chutes, on y trouve cependant des preuves multiples et certaines de la relation étroite qui existe entre le niveau des crues et la configuration du lit majeur. On verra plus loin le parti que l'on peut tirer de ces renseignements.

Avant de terminer cette étude, nous devons encore signaler que l'emplacement des ruptures coïncide généralement avec les chutes et courbes prononcées du Fleuve. Cette coïncidence n'est pas l'effet du hasard, elle tient surtout aux efforts violents, courants et remous, qu'ont eu à supporter les digues en ces points.

*Profil en long de la crue du Day.* — Ce profil s'étend de l'origine du Day à la mer. Les cotes ont été prises sur la digue rive gauche et les distances mesurées à peu près suivant l'axe du lit majeur. Les cotes représentent le niveau maximum constaté en chaque point, sans tenir compte des dates et de la progression des crues. Le profil a été divisé en 5 sections correspondant à des régimes différents.

| | | | |
|---|---|---|---|
| *1re Section.* | — de l'origine du Day à Mai-linh, en amont du casier de Thuong-my. . . . . . . . . . | 36 km. | |
| *2e Section.* | — de Mai-linh à Ba-tha, confluent du Sông-bui. . | 26 | 100 |
| *3e Section.* | — de Ba-tha à Hoi-trung, en aval de l'étranglement. | 43 | 100 |
| *4e Section.* | — de Hoi-trung à Doan-vi, en aval de l'étranglement. | 44 | 300 |
| *5e Section.* | — de Doan-vi, point extrême de refoulement des marées, à la mer . . . . . . . . . . | 75 | 100 |
| | Total. . . . . . . . . . | 224 | k.600 |

Dans les deux premières sections, ce profil donne une idée à peu près exacte du régime du Day ; mais dans les sections suivantes il est complètement faussé par le déversement des eaux d'inondation. Nous nous contenterons ici d'indiquer rapidement les principales anomalies apparentes de ce profil, car l'étude du régime réel du Day et de son aménagement fera l'objet d'un chapitre spécial et des plus importants de ce rapport.

*1re Section.* — Au km. 10 + 300, chute de 0 m. 71 due à l'étranglement du lit majeur par la route de Son-tây qui forme barrage. Les eaux n'ont pour s'écouler que le débouché de 220 mètres du pont. Cette chute aurait atteint 0 m. 90 à 1 m. 00 sans une coupure de 100 mètres de la route sur la rive droite.

Entre les km. 27 + 700 et 28 + 500 chute de 0 m. 56 due à l'étranglement de Lai-du.

Entre les km. 33 + 900 et 36 chute de 1 m. 05 due à l'étranglement du lit majeur par la route de Hoa-binh qui forme barrage et aux ruptures de la digue rive droite du Day en aval de la route.

Ces trois chutes très importantes déforment complètement le profil. Leur suppression qui est possible et facile modifierait entièrement le régime des crues dans cette section.

*2e Section.* — Dans cette section la digue rive droite du Day est rompue en plusieurs points et les eaux recouvrent tout le huyên de Chuong-my sauf quelques petits casiers plus élevés qui arrivent à se protéger. Le relèvement que l'on constate au km. 47 + 800, provient de ce que les digues qui protègent le casier secondaire de Quan-coc n'ont pas été rompues et forment un étranglement sensible malgré la largeur de la zône inondée.

Entre les km. 58 + 200 et 60 + 800 chute consécutive à l'étranglement de Viên-ngoai.

*3e Section.* — Dans cette section, la digue rive droite du Day est pour ainsi dire inexistante. Les eaux s'étendent jusqu'aux montagnes et s'écoulent aussi bien par le large thalweg du Sông Thanh-ha que par le lit de la rivière. Malgré cette diminution de débit, certains détails sont apparents : entre les km. 60 + 800 et 67 + 300, gonflement dû au déversement des eaux d'inondation provenant de Son-tây et Chuong-my par le Sông-bui et entre les km. 67 + 300 et 74 + 200, légère chute due à l'étranglement de Tu-duong. Entre les km. 96 et 105, gonflement suivi d'une chute, qui ne représente que très vaguement le profil réel. La chute déterminée par l'étranglement des rochers de Hoï-trung est en effet des plus importantes ; elle atteint normalement 2 mètres de hauteur au lieu de 0 m. 50 qu'elle paraît avoir. Le déversement des eaux d'inondation de Ha-dông à l'aval de Hoï-trung est la cause de cette anomalie.

*4e Section.* — Entre les km. 125 + 700 et 132 + 200, augmentation de pente due à plusieurs ruptures de la digue rive droite du Day. Entre les km. 139 + 300 et 149 + 500, chute importante de 1 m. 59 causée par l'étranglement de Doan-vi. Sans les ruptures amont cette chute aurait atteint 2 mètres.

*5e Section.* — Entre les km. 149 + 500 et 187 + 500, on remarquera plusieurs gonflements dus au déversement des eaux d'inondation de Phu-ly et Nam-dinh par les coupures de la digue rive gauche du Day ainsi que par le Song-sat et le canal de Nam-dinh. A Nam-dinh, petite chute due à l'étranglement du pont. Dans cette section les digues rive gauche du Day sont très rudimentaires ; elles ont été submergées ou coupées et l'évacuation de toutes les eaux s'est faite par le vaste bassin compris entre le Day et les montagnes avec une rapidité variable suivant la hauteur des marées.

*Canal des Rapides.* — Le canal des Rapides a son origine un peu à l'amont de Hanoi et se jette dans le sông Thai-binh à l'aval de Sept-Pagodes. Son cours très sinueux mesure 70 km. de longueur environ. Ce canal présente à son origine un étranglement volontaire destiné sans doute à limiter le débit en temps de la crue. Il est bordé sur ses deux rives par des digues en terres légères et sablonneuses qui se rompent fréquemment causant l'inondation des provinces de Bac-ninh, Hung-yên et Hai-duong. Sa pente générale, considérable à l'origine, devient très faible vers l'aval et dans la dernière partie de son cours, l'action des marées commence à se faire sentir.

Il n'a pas été fait de nivellement de la crue de ce défluent. Ce travail serait des plus utiles pour l'étude de l'évacuation rapide des crues.

La cote de la crue qui était de (11 m. 93) à l'origine atteignait seulement (10 m. 13) au pont du chemin de fer à 7 km. 500 vers l'aval, soit une pente de 0 m. 24 par km. Les vitesses excessives résultant d'une telle pente ont sans doute provoqué les ruptures de Luc-canh et Dông-viên. Il s'est encore produit deux autres ruptures des digues de ce défluent ; l'une à Du-lâm et l'autre à Thuy-mao. Ces accidents auraient été encore plus nombreux sans la grande rupture de Liên-mac qui abaissa brusquement de 0 m. 50 le niveau de ce canal.

*Canal des Bambous.* — Le canal des Bambous a son origine à l'aval de Hung-yên et va se jeter dans le Thai-binh après un cours de 70 km. environ. C'est la grande voie navigable qui relie les bassins du Fleuve Rouge et du Thai-binh. Sa pente générale varie suivant l'état des eaux dans ce dernier fleuve. Elle peut devenir nulle et même négative lorsqu'une crue du Thai-binh coïncide avec des basses eaux dans le Fleuve Rouge. Le débit suit les variations de la pente. Il n'y a rien de particulier à signaler dans le fonctionnement de ce défluent pendant les crues de 1915.

*Sông Tra-ly.* — Le Sông Tra-ly porte directement à la mer les eaux qu'il reçoit du Fleuge Rouge. Son cours est de 62 km. Sa pente et sa vitesse dépendent de l'amplitude des marées qui se font sentir jusqu'à son origine. En 1915, la digue rive droite de ce défluent s'est rompue à An-dê ; mais la brèche ayant pu être fermée rapidement, cette rupture n'a causé aucune perte.

*Canal de Nam-dinh.* — Le canal de Nam-dinh évacue sur le Day une partie des eaux de crue du Fleuve Rouge et sert en même temps de voie de navigation entre ces deux artères. Sa longueur est de 31 km. 600. Le centre commercial important de Nam-dinh est desservi par ce canal.

Le fonctionnement de ce défluent a présenté, lors des crues de 1915, certaines particularités à signaler. Les eaux ont atteint à Nam-dinh le niveau le plus élevé que l'on connaisse (3 m.82) supérieur de 0 m. 27 à celui de 1913 (3 m.55) considéré déjà comme exceptionnel. Ce maximum s'est produit le 11 juillet à 11 heures du soir, douze heures en avance sur Hanoi, en tenant compte de la durée de propagation. Il correspond à la cote (11 m. 30) à Hanoi et à une marée de 34 décimètres.

S'il y avait eu concordance entre le maximum de Hanoi (11.64) et la marée de 36 décimètres du 12 juillet, le niveau à Nam-dinh aurait été de (4.15) environ, supérieur de 0 m. 50 au niveau moyen des digues dans la région.

Au moment où la crue atteignait à l'origine du canal côté Fleuve Rouge, la cote maximum (4 m. 30) à l'autre extrémité, côté Day, les eaux étaient à la cote (1 m. 20) seulement, soit une chute de 3 m. 10 équivalant à une pente moyenne de 0 m.10 par kilomètre. Cette pente a été, en diminuant peu à peu, par suite de l'augmentation du niveau du Day, grossi de toutes les eaux d'inondations des casiers rive droite du Fleuve Rouge et de la baisse parallèle du Fleuve Rouge, rendue encore plus rapide par les ruptures. Pendant la période qui s'étend du 22 juillet au 16 août, cette pente est devenue parfois négative et l'on a pu constater à plusieurs reprises un renversement des courants, fait très rare dans ce canal.

Jusqu'au 3 août, le canal de Nam-dinh a servi de limite à l'inondation provenant des ruptures de Ha-dông, mais à cette date, la digue rive gauche ayant été rompue à Thi-chau, les eaux ont envahi le casier au S. E. du canal. Cette extension de l'inondation n'a pas eu de graves conséquences, la brêche ayant été fermée le 30 août assez à temps pour permettre aux habitants de faire les repiquages.

*Sông Ninh-co.* — Ce défluent qui mesure 47 km. de longueur évacue directement à la mer une partie des crues du fleuve. Son fonctionnement lors des crues de 1915 ne présente rien de particulier.

*Sông Ca-lô.* — Le Sông Ca-lô est un ancien défluent qui a son origine en face de celle du Day et se jette dans le Sông-cau, affluent du Thai-binh. Il a été barré en 1900, à son origine, afin de mettre les provinces de Vinh-yên et Phuc-yên à l'abri des crues du Fleuve Rouge et de faciliter l'évacuation des déversoirs du Vinh-yên. Ces déversoirs n'ayant pas fonctionné en 1915, une partie des eaux d'inondation, provenant des ruptures du Phuc-yên, a pu s'écouler facilement dans le Sông-cau par ce défluent.

*Canal de Phu-ly et Pho-phu-ly.* — Ces défluents déversaient autrefois dans le Day une partie des crues du Fleuve Rouge et maintenaient à certains moments une sorte d'équilibre entre les crues de ces deux rivières. En 1905, ils ont été barrés à Mac-thuong et Phuoc-tra du côté du Fleuve Rouge et fermés du côté du Day, à Phu-ly, par une écluse importante. Ces travaux sont la conséquence du programme d'assèchement du casier de Ha-dông dont toutes les eaux viennent s'écouler aujourd'hui dans le Day, par l'écluse de Phu-ly.

En 1915 ces défluents, grâce à leurs digues, ont arrêté un moment la marche de l'inondation ; mais devant la montée continuelle des eaux, ces digues

ont cédé en plusieurs points et l'inondation a envahi alors librement les casiers de Binh-luc et Nam-dinh.

Les renseignements et constatations ci-dessus, malgré quelques lacunes, points douteux et particularités spéciales à 1915, donnent une idée assez exacte de la marche et de l'évacuation des crues. On pourra en tirer un grand parti dans l'étude des améliorations à apporter au régime du Fleuve Rouge et de ses défluents.

## CHAPITRE III

### LES INONDATIONS DU DELTA DU TONKIN EN 1915

Les inondations du Tonkin en 1915 présentent une importance exceptionnelle par leur étendue, leur durée et leurs conséquences. Elles ont interrompu, pendant près de 4 mois, le cours normal de la vie, dans 4 provinces des plus riches et des plus peuplées et fortement ému l'opinion publique, européenne et indigène. Elles ont donné lieu à de multiples controverses et fait éclore les plus hasardeuses hypothèses sur les causes de la catastrophe et sur ses remèdes. Les pouvoirs publics ont même été pris à parti pour n'avoir pas su éviter des accidents, alors que ces accidents étaient la conséquence inévitable d'un cataclysme irrésistible contre lequel tous les efforts humains étaient d'avance impuissants, comme on peut s'en rendre compte par la hauteur et le débit réel de la crue.

*Les ruptures de digues en 1915, cote critique de rupture et cote de sécurité absolue.* — Le réseau de digues du Fleuve Rouge est arrasé pour contenir normalement des crues de cote (11 m. 20) à Hanoi. Ce chiffre est inférieur de 1 m. 70 au niveau réel de la crue de 1915 (12 m. 92). Les diguettes élevées par les riverains, en suivant la montée des eaux, peuvent empêcher la submersion pendant un certain temps ; mais comme il est impossible de donner à ces ouvrages hâtifs et provisoires une section suffisante, leur résistance est très limitée. Dès que la charge atteint 0 m. 40 à 0 m. 50 ils commencent à céder, livrant passage aux eaux qui se déversent en forte chute sur les talus intérieurs de la digue occasionnant rapidement sa destruction. Quand les diguettes résistent, c'est la digue elle-même qui, soumise à des charges excessives, est emportée par affaissement des talus intérieurs. A ces causes permanentes de destruction s'ajoutent les causes accidentelles (renards, infiltrations, érosions des berges, remous, etc...) que l'on ne peut prévoir et qui augmentent de fréquence et de gravité avec le niveau de la crue Quand celle-ci dépasse le niveau critique au-dessus duquel tous les moyens de défense sont insuffisants, les ruptures commencent et elles se succèdent jusqu'à ce que leur évacuation compense la moitié des eaux. Ce niveau critique est caractérisé pour chaque crue, par la cote de Hanoi au moment de la première rupture.

Ci-dessous le tableau des principales ruptures des digues du Fleuve Rouge et de ses défluents en 1915. Ce tableau ne comprend que les ruptures dues à la crue et non celles consécutives à l'inondation.

| EMPLACEMENT DES RUPTURES | DÉSIGNATION DES DIGUES | LARGEUR DES RUPTURES | DATES DES RUPTURES | COTE CORRES-PONDANTE A HANOI | CASIERS INONDÉS |
|---|---|---|---|---|---|
| | | mètres | juillet | | |
| 7 ruptures entre Luong-phu et Dang-dê.... | R. D. Rivière Noire | 500 | nuit du 10 au 11 | | Son-tây |
| 1 rupture de Dông-viên | R. G. canal Rapides | 80 | 11 juillet 8h | (11.34) | Bac-ninh |
| 1 rupture de Da-lâm.. | — | 200 | 11 — 10 | (11.40) | — |
| 1 — Gia-quat... | R. G. Fleuve Rouge | 70 | 11 — 14 | (11.55) | Cas. Sud can. Rap. |
| 1 — Thuy-mao.. | R. D. canal Rapides | 100 | 11 — 17 | (11.60) | — |
| 1 — Dai-lo..... | R. D. Fleuve rouge | 100 | 11 — 18 | (11.62) | Hadông, Phu-ly, Nam-dinh et Ninh-binh. |
| 1 — Xam-duong | — | 120 | — | (11.62) | |
| 1 — Xam-thi... | — | 650 | — | (11.62) | |
| 1 — Liên-mac . | — | 550 | 11 — 20 | (11.64) | |
| 2 ruptures à Nê-chau.. | R. G. Fleuve Rouge | 120 | — | (11.64) | Hung-yên |
| 5 rupture entre Khê-ngoai et Luc-canh... | — | 410 | nuit du 11 au 12 | de 11.64 | Phuc-yên |
| 20 rupture entre Phu-tho et Viétri........... | R. G. Fleuve Rouge<br>R. D. Rivière Claire | 720 | nuit du 11 au 12 | à 11.30 | Phu-tho |
| 1 rupture à An-dê. .. | R. D. Sông Tra-ly | 30 | 12 juillet 6 h | » | Thai-binh |
| 4 rupture entre Phu-ly et Doan-vi......... | R. G. Day | 410 | 17 juillet | » | Phu-ly, Nam-dinh |
| 1 rupture à Thi-chau.. | R. G. canal Nam-dinh | 120 | 3 août | » | Nam-dinh |
| Soit: 48 ruptures d'une longueur totale de: | | 4.180 | | | |

Il n'y a pas lieu de tenir compte des ruptures de la digue rive droite Rivière Noire déterminées par la crue extraordinaire de cette rivière. La rupture suivante (Dông-viên) correspond à la cote 11.34 à Hanoi, cote critique pour les digues en 1915 au lieu de (11.25) en 1913 et de 11.05 en 1911. La progression de ces chiffres montre, d'une part, que l'état des digues s'améliore chaque année et, d'autre part, que les travaux de défense contre la crue avaient été bien organisés en 1915. Au-dessus de cette cote, les ruptures se multiplient rapidement; dans la seule journée du 11 juillet, entre 8 heures du matin et 8 heures du soir, le nombre de ces accidents est de 11 et la longueur totale des brêches de 2.000 mètres. Dès que le niveau est ramené à (11 m. 30) les ruptures cessent de se produire. Il ne faudrait cependant pas déduire de ces constatations que les digues peuvent résister indéfiniment à des crues de (11 m.30) et confondre la cote de sécurité absolue avec la cote limite. Quand une crue se prolonge, le corps de la digue s'imbibe peu à peu et les suintements et affaissements deviennent de plus en plus nombreux ; la résistance de la digue se trouve ainsi lentement diminuée et elle finit par céder sous une charge moins forte que celle qu'elle avait supportée impunément, quelques jours auparavant. C'est ainsi que le 17 août 1913 la digue du Fleuve Rouge à Phuong-da en aval de Son-tây s'est rompue par une crue de (11 m.10) alors qu'elle avait résisté le 9 août à une crue de (11.38). Dans l'état actuel des digues nous pensons que la cote de sécurité absolue ne dépasse pas (10 m. 70). Si, en 1915, on n'a pas constaté de ruptures entre (11 m. 30) et (10 m. 70) c'est à cause de la baisse rapide du fleuve ; en 26 heures le niveau passait de (11 m.64) à (10 m.70) et descendait en 50 heures au-dessous de la cote (10 m. 00). La seconde crue du 2 août ne cotait que (8.98).

*Débit de ruptures.* — Dès que les eaux du fleuve arrivent à s'ouvrir un passage à travers la digue, la brêche, sous l'action des courants, s'élargit rapidement sans qu'il soit possible d'y mettre obstacle. Cet élargissement s'arrête de lui-même pour les causes les plus diverses (coude de la digue, modification des courants, diminution de la chûte, changement de nature du sol, etc...). Il s'établit alors une sorte d'équilibre entre la force de désagrégation des eaux et les résistances qui lui sont opposées et à partir de ce moment la largeur de la brêche change très peu, malgré les variations du niveau de la crue. A l'emplacement de la rupture et à une certaine distance vers l'aval, les remous de la chute déterminent les affouillements qui atteignent parfois 15 m. et 20 m. de profondeur.

Le débit des ruptures dépend surtout de la hauteur de chute. C'est pourquoi les ruptures les plus sérieuses se produisent généralement dans le Moyen-Delta où la différence du niveau entre la crue et les terrains protégés atteint son maximum (7 à 8 mètres de hauteur). Le volume d'eau enlevé au fleuve en 1915 fut considérable, précisément à cause de l'emplacement des principales ruptures, situées dans le Moyen-Delta. Il est possible de calculer approximativement le débit des ruptures amont Hanoi à l'aide des deux tableaux comparatifs de hauteur et le volume des crues donnés ci-dessus et des débits des défluents.

Nous ferons ce calcul pour le 12 juillet à 6 h. du soir, heure à laquelle la crue aurait dû atteindre son maximum. Le débit des ruptures est représenté par la différence entre le volume de la crue à Son-tây et celui du Fleuve Rouge à Hanoi augmenté de ses deux défluents.

On trouve les chiffres suivants :

| | | |
|---|---|---|
| Volume total de la crue à Son-tây. . . . . . . . . | | = 35.000 m3 |
| à déduire : | | |
| Débit du Fleuve Rouge à Hanoi (cote 10 m.83). | 15.500 m3 | |
| Débit du Day au Pont du Day (cote 12 m.75) . | 4.000 | |
| Débit du canal des Rapides au Pont de Yên-viên (cote 9 m.25) . | 3.500 | |
| Total à déduire. . . . . . | | 23.000 m3 |
| Reste : Débit des ruptures amont Hanoi. . . . . . . | | 12.000 m3 |

La seule rupture de Liên-mac entré dans ce chiffre pour 6.000 mètres cubes environ, le reste se répartit entre les brêches de Phu-tho — Son-tây — Phuc-yên et Bac-ninh. En aval de Hanoi on peut évaluer les débits comme suit :

| | | |
|---|---|---|
| Ruptures de Dai-lo — Xam-duong — Xam-thi. . . . . . | = | 4.000 m3 |
| Rupture de Nê-chau. . . . . . . . . . . . . . | = | 350 |
| Rupture de An-dê. . . . . . . . . . . . . . . | = | 50 |
| Ruptures de Da-lam et Thuy-mao (canal des Rapides). . . | = | 1.600 |
| Total débit ruptures aval Hanoi. . . . | = | 6.000 m3 |

Soit un total général de 18.000 mètres cubes. Par conséquent, le 12 juillet au soir, il y a eu un moment où plus de la moitié du volume de la crue s'écoulait par les ruptures, à l'intérieur des casiers. L'importance de ce chiffre qui correspond au débit total d'une forte crue de cote (10 m. 00) à Hanoi, explique la rapidité des inondations et l'inutilité de tous les moyens de défense. Ce chiffre est un maximum qui ne s'est maintenu que quelques heures ; toutes les ruptures et spécialement les ruptures aval Liên-mac ont vu leur débit diminuer par suite de la baisse parallèle des eaux ; certaines ont même cessé de fonctionner. Seule la rupture de Liên-mac, grâce à sa hauteur de chute et à sa situation, a conservé jusqu'au jour de sa fermeture toute sa puissance d'évacuation. C'est elle qui a absorbé presque en entier la crue du 2 août qui fut insensible à Hanoi malgré son importance.

L'inondation du Delta du Tonkin peut être divisée comme suit :

1° Inondation du casier Phu-tho Viétri ;
2° — Son-tây ;
3° — Phuc-yên ;
4° — Bac-ninh ;
5° — Sud canal des Rapides ;
6° — Hung-yên ;
7° — Rive gauche canal de Nam-dinh ;
8° — Thai-binh ;
9° — des casiers de Chuong-my et My-duc ;
10° — Ha-dông, Binh-luc, Nam-dinh et Ninh-binh.

Nous étudierons rapidement l'inondation des 9 premiers casiers, cette étude n'offrant qu'un intérêt secondaire, malgré l'étendue des zones inondées, par suite de l'évacuation rapide des eaux et de l'importance limitée des dégâts. Par contre, nous consacrerons un chapitre spécial aux casiers de Ha-dông, Binh-luc, Nam-dinh et Ninh-binh qui furent très éprouvés.

1° — *Inondation du casier Phu-tho — Viétri.* — Ce casier est situé entre le Fleuve Rouge et la Rivière Claire. Il est limité au Nord par une chaîne de mamelons entre lesquels s'enfoncent de profondes vallées. Dans la soirée du 11 juillet et dans la nuit du 11 au 12 de nombreuses ruptures (20 avec une longueur totale de 720 mètres) se produisirent dans la digue du Fleuve Rouge. entre le confluent de la Rivière Noire et Viétri. Elles furent causées surtout par le niveau anormal des eaux dans cette section dû à la crue exceptionnelle de la Rivière Noire. Aux mêmes heures, la digue de la Rivière Claire se rompait en deux endroits à l'amont de Viétri. Par toutes ces ouvertures, les eaux envahirent complètement le casier, inondant le centre urbain de Viétri et coupant la voie ferrée. Lors de son maximum, l'inondation s'étendait sur 7.000 hectares environ. L'évacuation des eaux se fit rapidement durant le mois d'août, et les habitants purent faire une récolte bien supérieure aux récoltes normales, grâce à la fertilisation des terrains. Les dégâts de l'inondation en dehors des coupures de digues sont de minime importance. En résumé, dans ce casier, la plus-value des récoltes est largement supérieure aux pertes.

2° — *Inondation du casier de Son-tây.* — Ce casier est compris entre le Fleuve Rouge et la Rivière Noire. Il a pour limite à l'Ouest les contreforts du Ba-vi et au Sud la route Hanoi-Hoa-binh qui forme digue de séparation avec le casier de Chuong-my. Dans la nuit du 10 ou 11 juillet, sept ruptures de la digue rive droite Rivière Noire entre Luong-phu et Dang-dê. Longueur totale des ruptures 500 m. Les eaux pénétrant par les coupures remplissent les cuvettes de Dang-chu et Dam-long, emportent les remblais de l'écluse de Vo-khuy, pénètrent par cette brèche dans le Sông-con qui sert d'évacuateur au casier et inondent par débordement de cette rivière, les huyêns du Phu-quôc-oai et Tung-thiên qui ne font généralement pas de récolte du 10e mois. Surface inondée : 3.000 hectares environ. Les dégâts furent insignifiants. Par contre, jamais la récolte n'avait été aussi belle. L'inondation dans le casier se traduit en somme par de grands bénéfices.

3° — *Inondation du casier de Phuc-yên.* — Ce casier est compris entre le Fleuve Rouge et le Sông Ca-lô. L'inondation provenant de 5 ruptures d'une longueur totale de 410 mètres, survenues sur la digue rive droite du Fleuve Rouge entre Khê-ngoai et Luc-canh dans la soirée du 11 juillet et la nuit du 11 au 12, était limitée dans la province de Phuc-yên par le chemin de fer, et s'étendait par refoulement dans la province de Vinh-yên. La surface totale inondée dépassait 20.000 hectares. L'évacuation des eaux assurée par le Sông Ca-lô et les arroyos de la province de Bac-ninh fut assez rapide pour permettre la mise en culture de tous les terrains qui portèrent de superbes récoltes tandis que les dégâts aux routes et chemin de fer étaient relativement faibles. Résultat : Inondation avantageuse pour le casier.

4° — *Inondation du casier de Bac ninh.* — Ce casier est compris entre le Sông-cau et le canal des Rapides. Il est divisé en 2 sous-casiers par la ligne de chemin de fer de Lang-son. L'inondation fut provoquée pour le sous-casier Nord par la rupture de Dông-viên (80 mètres 11 juillet 8 heures matin) et les ruptures de Phuc-yên et pour le sous-casier Sud par la rupture de Du-lâm (200 mètres 11 juillet 10 heures matin). La première brèche fut fermée le 30 août et la seconde le 26 juillet. L'évacuation des eaux facilitée par les nombreux arroyos qui se jettent dans le Song-cau, fut assez rapide pour permettre la mise en culture des terrains inondés d'une superficie de 30.000 hectares. Ces terrains portèrent des récoltes très avantageuses dont la plus-value compense et au delà toutes les pertes.

5o — *Inondation du casier Sud canal des Rapides.* — Ce casier est compris entre le canal des Rapides, le Sông Thai-binh, la ligne de chemin de fer de Haiphong et le Sông Kê-sat. Il fut inondé par les coupures de la digue rive gauche Fleuve Rouge à Gia-quât (70 mètres, 11 juillet à 14 heures) et de la digue rive droite canal des Rapides à Thuy-mao (100 mètres, 11 juillet à 17 heures). La première coupure présentait une importance particulière, à cause de l'interruption du trafic sur les lignes de chemin de fer Yunnan et de Lang-son, la plateforme ayant été submergée et emportée en quelques points entre Gia-lâm et le canal des Rapides. Les travaux de fermeture menés très rapidement furent complètement terminés le 24 juillet. Quant à la brèche de Thuy-mao, elle ne fut fermée que le 25 août, mais elle débitait très peu depuis le 10 août et l'évacuation se faisait très facilement par le Sông-sat et autres arroyos, affluents du Thai-binh. Les 40.000 hectares inondés furent tous mis en culture et donnèrent des rendements bien supérieurs à la moyenne. Par contre, en dehors de l'arrêt du trafic du chemin de fer, les pertes sont insignifiantes.

6o — *Inondation du casier de Hung-yên.* — Ce vaste casier compris entre le Fleuve Rouge, le canal des Bambous, le Sông Thai-binh et le Sông-sat, ne fut inondé qu'en faible partie par la rupture de la digue rive gauche Fleuve Rouge à Nê-châu (120 mètres, 11 juillet à 20 heures). L'inondation put être limitée d'autant plus facilement qu'à la suite de la baisse brusque du fleuve, le débit de la rupture devint à peu près nul. Surface inondée : 3.500 hectares. Récolte excellente et dégâts insignifiants.

7o — *Inondation du casier rive gauche canal de Nam-dinh.* — Ce casier est compris entre le canal de Nam-dinh, le Fleuve Rouge et le Sông Ninh-co. Il fut inondé par les eaux provenant de la rupture rive gauche du canal à Thi-chau (120 mètres, 3 août,) rupture provoquée par la cote exceptionnelle de la crue. Le champ d'inondation limité en partie par des diguettes élevées sur les routes de Thu-nhat et Lac-quân s'étendait encore sur plus 20.000 hectares. Les travaux de fermeture de la brèche furent terminés le 30 août à temps pour permettre les repiquages. Dans ce casier, comme dans tous les précédents, récolte avantageuse et dégâts minimes.

8o — *Inondation du casier de Thai-binh.* — Une très faible partie du casier si éprouvé en 1913 fut inondée en 1915 (600 hectares seulement) par une petite rupture de 30 mètres à An-dê survenue le 12 juillet et fermée le 20 juillet. Aucun dégât et très belle récolte.

9o — *Inondation des casiers du Chuong-my et My-duc (20.000 H.).* — Ces casiers situés sur la rive droite du Day sont compris entre cette rivière et les massifs montagneux qui limitent le Delta. Le casier de Chuong-My est séparé du casier de Son-tây par la route Hanoi-Hoa-binh et du casier de My-duc par le Sông-bui. L'évacuation des eaux se fait pour Chuong-my par le Song-bui et pour My-duc par le Sông Thanh-ha. Ces deux casiers sont inondés régulièrement chaque année soit par les débordements du Sông-bui soit par le Day dont la digue des plus rudimentaires présente de multiples lacunes. Seuls quelques casiers secondaires arrivent à se protéger. Sauf ces petits casiers, tout fut inondé en 1915, d'un côté, par les eaux provenant de Son-tây par le Sông-bui et, d'un autre côté, par la crue du Day, mais les dégâts ont été nuls, ces terrains ne portant généralement pas de récolte du 10e mois. Les habitants réclament même la suppression des digues afin de bénéficier régulièrement du colmatage et de la pêche.

On voit, par cet exposé sommaire, que toute l'étendue des 9 casiers inondés a pu être mise en culture grâce, d'une part, à la fermeture des brêches en temps opportun ou à l'arrêt dans leur fonctionnement et, d'autre part, grâce à l'évacuation rapide des eaux par de nombreux collecteurs. Les récoltes ont été dans leur ensemble bien supérieures aux récoltes normales sur ces terrains fertilisés par les alluvions et, à côté de cette énorme plus-value, les pertes ne comptent pas. Nous ferons plus loin le calcul de ces pertes et bénéfices en établissant le bilan général des inondations de 1915.

10° — *Inondations des casiers de Ha-dông, Binh-luc, Nam-dinh et Ninh-binh.* — Si l'inondation fut avantageuse pour les zônes précédentes il n'en a pas été de même pour ce vaste casier qui commence presque à l'origine du Delta et se termine à la mer, englobant 4 provinces et peuplé de plus de 2 millions d'habitants. Tout ici a contribué à augmenter le désastre (emplacement des ruptures, largeur des brêches, violence des courants, difficulté d'évacuation des eaux, étendue, hauteur et durée de l'inondation, etc...). Les conditions ne pouvaient jamais être plus défavorables et cependant, on était arrivé, au prix des grands efforts, à sauver une situation qui paraissait désespérée, quand une crue tardive d'octobre, négligeable en temps normal, est venue la compromettre à nouveau et cette fois irrémédiablement. L'étude de cette inondation offre de précieux renseignements sur la cause des ruptures, la marche des eaux, la formation des dépôts, la possibilité des colmatages, l'utilité des digues, l'aménagement du Delta, la fertilisation, la valeur comparée des pertes et bénéfices de l'inondation, etc...

## Configuration générale des casiers inondés.

*Le casier de Ha-dông* est compris entre le Fleuve Rouge, le Day et le canal de Phu-ly. Il est entièrement endigué et mesure 107.000 hectares de superficie dont 103.000 hectares furent inondés en 1915. Dans la partie Nord jusqu'à hauteur de la rupture de Xam-Thi les terrains sont généralement assez élevés (cote 7 m.00 à 3 m.00) et font deux récoltes, mais dans la partie Sud la cote moyenne est inférieure à (2 m. 00) et l'on trouve de vastes cuvettes à cote (1 m. 00) qui ne font que la récolte du 5e mois. L'évacuation des eaux se fait par divers arroyos (Sông Nhuê-giang, Sông Tô-lich, Sông Kim-nguu, Sông-guôt) qui vont se jeter dans le Sông Mang-giang et de là dans le canal de Phu-ly et le Day par l'écluse de Phu-ly. Les travaux d'assèchement en cours, curage du Sông Mang-giang et création de sous-casiers, ont permis d'abaisser notablement le plan d'eau et de mettre en culture au 10e mois certaines régions basses. La ville de Hanoi fait partie de ce casier.

*Le casier de Binh-luc* est compris entre le Day, le canal de Phu-ly et le Sông-sat. Il mesure 37.000 hectares de superficie entièrement inondés en 1915. Le Song-Sat n'est pas endigué sur la rive droite et communique librement avec le Day dont les marées et crues peuvent ainsi refouler à l'intérieur du casier. Les terrains sont généralement très bas (cote moyenne 1 m. 00) avec des cuvettes encore plus basses. La récolte du 10e mois est limitée aux terrains un peu élevés, tandis que la récolte du 5e mois est générale. L'évacuation du casier se fait par le canal de Binh-luc, le Song-sat et plusieurs autres arroyos ou canaux commandés par des écluses à leur confluent avec le Day.

*Le casier de Nam-dinh* est compris entre le Fleuve Rouge, le canal de Nam-dinh et le Sông-sat. Sa superficie est de 26.000 hectares inondés en totalité. Il est complètement endigué. Les cotes des terrains sont à peu près les mêmes que celles du casier de Binh-luc. La récolte du 5e mois est également la plus importante. L'évacuation des eaux se fait dans le canal de Nam-dinh par plusieurs arroyos canalisés et éclusés. La ville de Nam-dinh est située dans ce casier.

*Le casier de Ninh-binh* est compris entre le Day et les chaînes rocheuses qui séparent le Tonkin de l'Annam. Il est divisé en deux zônes par le chemin de fer. La zône amont n'est pas endiguée et reçoit toutes les eaux venues des montagnes de Chi-né et Phu-nho-quan par le Hoàng-long-giang. La zône aval est formée de plusieurs casiers secondaires les uns complètement endigués, les autres partiellement. Dans les deux zônes, les terrains très bas ne dépassent guère la cote (1 m. 00) ; l'altitude moyenne n'est que de (0 m. 70) bien inférieure à celles des hautes marées (1 m. 60). Le système hydrographique et l'aménagement des eaux sont très compliqués dans ce casier, par suite du grand nombre de canaux et d'écluses, du niveau peu élevé des terrains et du jeu des marées. Les grandes artères d'évacuation sont le Sông Chinh-day, le Sông Thuy-lôc, le Sông-vac et le Sông-diên, qui débouchent librement dans le Day. Les autres canaux sont commandés par les écluses. En 1915 les deux casiers secondaires de Phat-diêm échappèrent seuls à l'inondation, leurs digues ayant pu résister à la poussée des eaux ; tout le reste des casiers fut inondé, soit une surface de 55.000 hectares (1).

La surface totale inondée dans les quatre casiers s'élève à 221.000 hectares dont 100.000 hectares portaient généralement des récoltes du 10e mois.

(1) Pour l'étude du régime hydrographique et des inondations de 1915 dans les casiers de Ninh-binh, consulter le rapport détaillé et complet de M. le Conducteur Tachet qui est annexé au présent rapport.

## Causes, fonctionnement et fermetures des ruptures.

L'inondation de ces casiers fut provoquée par 4 ruptures de la digue rive droite du Fleuve Rouge ; ruptures de Dai-lo, Xam-duong et Xam-thi, à 22 k. en aval de Hanoi et rupture de Liên-mac à 13 k. en amont.

Les ruptures de Dai-lo (100 mètres), Xam-duong (120 mètres) et Xam-thi (650 mètres), peu éloignées l'une de l'autre, se produisirent simultanément le 11 juillet vers 18 heures, les deux premières par suite de submersion et la dernière pour des causes que l'on n'a pu détermier mais probablement par insuffisance de section, si l'on s'en rapporte aux riverains qui disent avoir vu cette digue se renverser comme un mur qui s'écroule. En 24 heures, les brêches avaient atteint à peu près leur largeur définitive. Ces 3 ruptures sont situées en un coude de la digue que les courants viennent battre avec violence. Depuis longtemps, la situation de cette section était considérée comme critique, particulièrement à Xam-thi. C'est à grand'peine que l'on avait pu préserver la digue principale de Xam-thi lors des crues de 1909 et 1911 et l'on avait jugé prudent de construire en arrière une sérieuse contredigue. La digue principale ayant été emportée en 1913 on conserva seulement la contredigue en la renforçant. C'est cette contredigue qui fut emportée en 1915.

Ces 3 ruptures que nous désignerons simplement sous le nom de « Ruptures de Xam-thi » mesuraient une longueur totale de 870 mètres. Pendant les premiers jours leur débit sous des chutes de 4 à 5 mètres, fut considérable (4 à 5.000 mètres cubes à la seconde). Les coupures de Dai-lô et Xam-duong cessèrent de fonctionner le 3 septembre, date de leur fermeture, mais la coupure de Xam-thi qui n'avait pu être fermée, faute de terre aux environs, continua de fonctionner jusqu'au moment où le niveau de la crue à Hanoi soit descendu définitivement au-dessous de la cote (6 m. 00) dans les premiers jours de novembre. On peut, d'après les cotes de Hanoi, évaluer comme suit le débit des ruptures de Xam-thi.

| Cote moyenne : | | | | | | |
|---|---|---|---|---|---|---|
| du 11 au 18 juillet, | à Hanoi | = 9.60 | 7 jours à | 4.000 m3 | = 2.419 | millions m3 |
| du 19 juill. au 10 août, | — | = 8.30 | 23 jours à | 2.800 | = 5.565 | — |
| du 11 au 31 août, | — | = 7.50 | 21 jours à | 2.000 | = 3.629 | — |
| du 1er au 30 septembre, | — | = 6.30 | 30 jours à | 500 | = 1.296 | — |
| du 1er au 12 octobre, | — | = 5.70 | 12 jours à | 000 | = 000 | — |
| du 13 au 17 octobre, | — | = 7.00 | 5 jours à | 1.500 | = 648 | — |
| du 18 au 31 octobre, | — | = 6.30 | 14 jours à | 500 | = 605 | — |
| Total du débit des rapides de Xam-thi. | | | | | = 14.162 | millions m3 |

*La rupture de Liên-mac* est une des plus importantes et des plus désastreuses qui se soient jamais produites au Tonkin. Elle doit son importance à sa situation à l'amont du casier de Hà-dông en un point où les crues du Fleuve Rouge, gênées par l'étranglement de Thuy-phuong, atteignent leur maximum d'amplitude, à la direction des courants normale à la digue, à la longueur considérable de la brêche (550 mètres) et surtout à la hauteur excessive de chute qui atteignait 6 m. 50 au pied de la digue et 8 m. 00 à 2 k plus loin, au moment de la rupture.

La situation de la digue de Liên-mac était considérée comme critique depuis longtemps. En 1910 on avait fait exécuter des revêtements extérieurs en argile avec renforcements intérieurs sur une section de 1.300 mètres à l'aval de Yên-nôi. Ce travail permit d'éviter dans cette section les accidents par infiltrations ou affaissements lors des crues de 1911, 1913 et 1915. En même tomps on avait créé des épis à Yên-noi et Liên-mac pour arrêter les érosions de la berge. Ces épis ne donnèrent pas des résultats appréciables ; la berge qui, avant 1909, était éloignée de 300 mètres de la digue au droit de Liên-mac, ne s'en trouvait plus qu'à 50 mètres au début de la crue de 1915 et cette distance dut encore diminuer pendant la période qui précéda la rupture, surtout en aval de l'épi, au point où les tourbillons et remous sont les plus puissants.

Or, c'est à ce point que se produisit la rupture. Les érosions de berge paraissent donc avoir été la cause directe de l'accident ; mais cette cause mise à part, l'accident était quand même inévitable ; il se serait produit simplement par submersion quelques heures plus tard, les diguettes étant arrivées à leur limite de résistance. L'ouverture de la première brêche eut lieu le 11 juillet vers 8 heures du soir. A ce moment les habitants, occupés à surélever les diguettes à l'entrée du village de Liên-mac, constatèrent dans le talus intérieur un fort renard suivi presque immédiatememt d'éboulements intérieurs et extérieurs et de rupture. En quelques minutes la brêche atteignait une centaine de mètres. Effrayés, les habitants s'enfuirent de tous côtés, abandonnant les diguettes. A la suite de cet abandon, une section de digue située à 400 mètres en amont de la précédente était submergée et coupée à son tour. Les deux brêches s'agrandirent rapidement ; en 24 heures elles avaient atteint leur largeur définitive, séparées seulement par un îlot d'une quarantaine de mètres sur lequel s'étaient réfugiés 15 coolies qui n'avaient pas eu le temps de s'enfuir. Cet îlot, pris au milieu des courants et tourbillons effrayants, résista cependant jusqu'à la fin de la crue, grâce sans doute aux enrochements qui formaient l'épi de Liên-mac ; les coolies furent sauvés à grand'peine 7 jours après. Au moment de la rupture, les eaux devaient atteindre la cote (13 m. 00) à Liên-mac.

Le barrage de fermeture, en raison de la hauteur de chute et de la violence des courants, ne put être entrepris que le 27 juillet, après une baisse suffisante de la crue. Cet ouvrage de 600 mètres de longueur environ était constitué par une double ligne de pieux à l'extérieur desquels on appliquait des clayonnages destinés briser la force du courant et dont l'intérieur était ensuite rempli de sacs de terre formant une cloison qui permettaient le remblaiement des talus. Au milieu du barrage, ce procédé ne put être employé à cause d'un affouillement de 25 mètres de largeur et de 14 mètres de profondeur que l'on dut remplir avec des enrochements. 7.000 coolies étaient employés à ce travail qui présentait de sérieuses difficultés. La fermeture de la brêche était cependant terminée le 12 octobre au matin, quand le même soir, une crue minime submergeait le barrage, entraînant sa destruction. Cette nouvelle rupture, due à une cause si petite, allait avoir les conséquences les plus désastreuses. Au moment où elle se produisait, les eaux s'évacuaient rapidement dans tous les casiers et le repiquage suivait le retrait de l'inondation. Les habitants escomptaient déjà une récolte superbe qui leur aurait fait oublier les jours de détresse quand ils ont eu la triste surprise de voir les eaux envahir à nouveau leurs rizières, noyant toutes les cultures. Cette fois, le mal était sans remède et tout espoir de récolte était perdu dans les 4 casiers. Seuls, quelques îlots plus élevés purent se préserver, mais ils ne représentent qu'une faible partie de la surface cultivable au 10e mois. C'est donc cette seconde inondation qui représente le vrai désastre et non la première, malgré ses allures de catastrophe et ses inévitables misères.

Le volume débité par la rupture de Liên-mac est très élevé. Cette rupture ne cessa de fonctionner depuis le 11 juillet jusqu'au jour de sa fermeture, sauf une courte période du 1er au 12 octobre où le débit devint à peu près nul. On peut évaluer comme suit les débits d'après les cotes à Son-tây :

| | Cote moyenne : | | |
|---|---|---|---|
| du 11 au 19 juillet à Son-tây | = (12.75), | 8 jours à 6.400m3 | = 4.424 millions m3 |
| du 20 au 27 juillet — | = (11.50), | 8 jours à 4.200 | = 2.902 — |
| du 28 juillet au 9 août — | = (12.15), | 13 jours à 5.000 | = 5.616 — |
| du 10 au 31 août — | = (11.35), | 22 jours à 3.500 | = 6.653 — |
| du 1er au 30 septembre — | = (10.00), | 30 jours à 1.600 | = 4.147 — |
| du 1er au 12 octobre, — | = ( 8.70), | 12 jours à 100 | = 104 } période de fermeture. |
| du 13 oct. au 5 nov — | = ( 9.50), | 24 jours à 1.000 | = 2.074 |
| Total du débit de la rupture de Liên-mac | | | = 25.920 millions m3 |

Le volume total déversé par les ruptures de Xam-thi et Liên-mac atteint donc *40 milliards* de mètres cubes en 100 jours de fonctionnement environ. On verra que ce chiffre est largement justifié par le volume des apports alluvionnaires.

### Marche et régime de l'inondation.

Pour cette étude, voir la carte générale des casiers inondés, la carte des colmatages et les profils divers de l'inondation joints à ce rapport.

On trouvera sur ces pièces la limite des périmètres inondés, la direction des courants principaux, les points d'évacuation, ainsi que les cotes maxima de l'inondation avec les dates correspondantes.

Les eaux entrant par les ruptures forment sur 2 à 300 mètres un rapide d'une violence inouie où se heurtent et déferlent des vagues puissantes. A l'aval de ce rapide, les eaux tourbillonnent, puis se divisent d'après la configuration du terrain en plusieurs courants d'intensité différente. A mesure que les eaux s'élèvent, la force de ces courants diminue, mais ils subsistent toujours, même quand les eaux recouvrent tout le casier ; au milieu de la vaste nappe inondée, on distingue alors de larges courants semblables aux courants sous marins, séparés par de vastes zônes de calme ou de remous. Il en a été ainsi pour les eaux rentrant par les brèches de Liên-mac et Xam-thi. La grande masse des eaux de Liên-mac, après avoir rempli les thalwegs du Sông Nhuê-giang et du Sông To-lich, a suivi la ligne de bas fonds qui sépare ces deux rivières. Dans la journée du 12, cette masse rencontrant dans la région de Vinh-ninh les eaux venues de Xam-thi a été rejetée vers l'Est, dans les plaines basses de la rive droite du Sông Nhuê-giang inondant toute la région comprise entre la ligne de chemin de fer et le Day. La direction générale de la masse des eaux de Xam-thi est moins bien définie. Ces eaux ont été gênées par la ligne de chemin de fer, qui a été coupée en de nombreux points, particulièrement au k. 25 + 600 (coupure de 100 mètres de largeur et 14 mètres de profondeur) et au k. 28 + 800, traversée du Sông Kim-nguu (pont de 20 mètres emporté, coupure de 50 mètres de largeur et 15 mètres de profondeur). Cet obstacle franchi, les eaux gagnaient le thalweg du Sông Nhuê-giang et par les ponts du Song-guot et du Sông-Mang-giang remplissaient le casier de Duy-thiên. Dans la journée du 14 juillet l'inondation arrivait au canal de Phu-ly et le 17 juillet au matin, 5 jours 1/2 après la rupture, elle atteignait dans ce canal sa cote maximum (5.83). A l'intérieur du casier de Ha-dông, la cote moyenne supérieure à (6 m. 00) était très élevée par rapport au niveau des terrains. Ce niveau anormal de l'inondation était dû aux digues du canal de Phu-ly et du Day qui formaient retenue, l'écluse de Phu-ly étant insuffisante pour évacuer toutes les eaux. Dès le 15 juillet l'inondation commençait à s'ouvrir de force un passage à travers ces barrages (15 juillet, submersion écluse Phu-ly et rupture barrage, coupure digue rive gauche du Day entre Hoi-trung et Phu-lao. Nuit du 15 au 16 juillet, enlèvement écluse Mac-hoa, coupure 200 mètres barrage Ngo-kê, coupure de 300 mètres digue Sud canal de Phu-ly à Bich-tri, etc.....). Ce n'est que quand l'évacuation de ces brèches devint supérieure au débit des ruptures que les eaux commencèrent à baisser dans le casier de Ha-dong.

La ville de Hanoi a été fortement menacée par l'inondation. Le 12 juillet, les eaux venues de Liên-mac baignaient le pied de la route circulaire et leur niveau s'élevait peu à peu atteignant le 17 juillet la cote (8 m. 00) à Nhat-than et (6 m. 60) à Luong-yên (les quartiers bas de Hanoi sont à la cote 6 m. 50 environ). Les travaux de défense furent entrepris le 12 ; ils consistaient à surélever par des diguettes les points de la route circulaire jusqu'à Khuong-thuong et le chemin qui relie ce village à la digue du fleuve par Kim-liên et Luong-yên. Ces travaux purent être menés rapidement grâce au concours du personnel des Travaux publics et de la Municipalité, des troupes de Hanoi, Bac-ninh et Namdinh et de la population indigène. C'est ainsi que la ville se trouva préservée d'une inondation qui n'aurait peut-être pas causé de grands dommages, mais qui aurait été certainement très gênante pour la population européenne et indigène.

*Le casier de Binh-luc* fut inondé, d'une part, par les eaux venues de Ha-dông à travers les coupures du barrage de Ngô-khê-Mac-ha et de la digue Sud canal de Phu-ly et, d'autre part, par quatre ruptures de la digue rive gauche du Day en aval de Phu-ly survenues le 17 juillet au moment où le Day, grossi lui-même par les eaux de Ha-dông, atteignait sa cote maximum (5 m. 63). Le 16 juillet au matin, l'inondation arrivait à la ligne du chemin de fer. Celle-ci était rapidement submergée et coupée en plusieurs points. La plus importante de ces coupures (120 mètres) se produisait au k. 65 où un pont de 12 mètres était emporté. La ligne franchie, les eaux se répandaient librement dans tout le casier, sans trouver d'obstacle sérieux. La grande masse des eaux venues du canal de Phu-ly, suivant le thalweg du Sông-sat, rencontrait à nouveau la ligne du chemin de fer entre Nui-gôi et Ninh-binh, submergeait la voie et s'écoulait dans le Day par dessus les digues ou par le Sông-sat. Les eaux provenant du Day aval Phu-ly allaient se rejeter dans cette rivière par plusieurs ruptures de la digue en aval de Doan-vi.

L'inondation du casier de Binh-luc atteignait son maximum sur le Song-sat (3 m. 79, pont du k. 70 et 3 m. 52, pont du k. 103) dans la journée du 4 août. Ce maximum correspond à la crue du 2 août à Hanoi, très faible en apparence, parce qu'absorbée presque en entier par la rupture de Liên-mac.

*Le casier de Nam-dinh* fut inondé, d'une part, par les eaux venues de casier de Binh-luc à travers une centaine de coupures de la digue R. G. du Song-sat et, d'autre part, par plusieurs ruptures de la digue Sud du Pho Phu-ly (route de Hung-yên) en amont du barrage de Phuong-tra, dans journée du 16 juillet. Comme dans le casier de Binh-luc, le maximum (3 m. 62 à Nam-dinh) se produisait le 4 août en concordance avec la crue du 2 août à Hanoi. L'évacuation se faisait dans le canal de Nam-dinh à travers plusieurs coupures de la digue.

Dans ce casier, outre les pertes de récolte, il faut signaler les graves dommages causés à la ville de Nam-dinh par l'inondation Ce centre peuplé et commerçant a été recouvert pendant près de 4 mois par les eaux venues de l'intérieur contre lesquelles tous les travaux de défense avaient été impuissants par suite du niveau excessif de l'inondation.

*Le casier de Ninh-binh* a été inondé par la crue extraordinaire du Day, causée par l'afflux des eaux d'inondation dans la partie de cette rivière comprise entre Hoi-trung et le canal de Nam-dinh. Le 5 août, la crue atteignait à Ninh-binh la cote (3 m. 25), bien supérieure à toutes celles constatées jusqu'ici (2 m. 90 en 1913). Elle correspond à la crue du 2 août du Fleuve Rouge qui, s'écoulant en majeure partie par la brèche de Liên-mac, est venue, 3 jours plus tard, grossir le Day d'une façon anormale. On peut évaluer ce cube supplémentaire à 12.000 mètres cubes à la seconde au moment où il atteignait son maximum et à 4 000 mètres cubes le débit propre de la rivière, soit un volume total en aval de Ninh-binh, de 16.000 mètres cubes auquel le Day offrait un débouché insuffisant. Le eaux se sont alors répandues dans les deux casiers de Ninh-binh, mais ces casiers remplis, il aurait fallu qu'elles puissent s'évacuer rapidement, ce qui semble possible au premier abord en raison de la proximité de la mer. Malheureusement de nombreux obstacles gênent cette évacuation : ligne de chemin de fer et digue transversales du Sông moi, du Sông Thuy-loc, de Phat-diêm et de Hong-duc. Par suite de ces difficultés et de l'afflux incessant des eaux de Ha-dông, l'inondation s'est prolongée jusqu'en novembre dans toute l'étendue du casier, l'enclave de Phat-diêm exceptée, empêchant la mise en culture des rizières du 10e mois.

La rapidité de progression de l'inondation, des ruptures à Ninh-binh, a été très variable. La crue du 12 juillet à Liên-mac a atteint son maximum à Ninh-binh le 22 juillet seulement, soit 10 jours plus tard. Ce long intervalle s'explique par le remplissage des casiers. La crue du 2 août se transmet le 5 à Ninh-binh, en 3 jours à peine, les casiers étant tous pleins à cette époque. La crue du 14 octobre met 9 jours, les eaux ayant dû remplir à nouveau les casiers. Toutes les fluctuations du Fleuve Rouge se faisaient sentir dans les casiers et par contre coup, mais considérablement amplifiées dans le Day. Le graphique de la marche de l'inondation, joint à ce rapport, montre toutes ces fluctuations. Il y aurait une intéressante étude du régime de l'inondation et du régime du Day d'après ce graphique, mais elle nous entraînerait trop loin.

Ci-dessous un tableau sommaire de la marche de l'inondation dans les casiers de Ha-dông, Binh-luc et Nam-dinh.

| POINTS D'OBSERVATIONS | | CRUE du 21 juillet | CRUE du 2 août | PLUS BASSES EAUX AVANT LA CRUE du 14 octobre | CRUE du 14 octobre |
|---|---|---|---|---|---|
| Fleuve Rouge de Hanoi. . . . | Cote calculée . . | (12.92) 12 juillet | (11.71) 2 août | (5.16) 10 octobre | |
| | Cote observée. . | (11.64) 11 — | (8.98) — | (5.16) 10 — | (7.45) 18 octobre |
| Casier de Hà-dông . . . . | Echelle du Song-guôt. . . . . | (5.90) 18 — | (5.49) 3 août | (2.90) 13 — | (3.87) 20 — |
| | Day à Phu-ly (évacuateur) . . . | (5.63) 17 — | (5.04) 3 — | (1.63) 11 — | (2.98) 22 — |
| Casier de Binh-luc. . . . . | Echelle du Sông-sat. . . . . . | (3.34) 20 — | (3.47) 7 — | (2.37) 13 — | (2.61) 27 — |
| | Day à Ninh-binh (évacuateur). . | (2.86) 22 — | (3.00) 5 — | (0.54) 11 — | (1.60) 26 — |
| Casier de Nam-dinh . . . . | Echelle ville Nam-dinh. . . . . | (3.59) 20 — | (3.62) 4 — | (1.79) 13 — | (2.53) 23 — |
| | Canal de Nam-dinh (évacuateur). . . . . | (3.11) 21 — | (3.36) 2 — | (0.81) 9 — | (2.20) 28 — |
| Embouchure du Day. . . . . | Hauteur des marées. . . . . | Morte eau 20 juill.<br>25 déc. 21 —<br>29 déc. 22 — | 23 déc. 3 août<br>25 déc. 4 —<br>27 déc. 5 — | 23 déc. 9 octobre<br>28 déc. 11 —<br>33 déc. 13 — | 30 déc. 26 octobre<br>32 déc. 27 —<br>39 déc. 28 — |

Les hauteurs moyennes de l'inondation au-dessus des terrains sont les suivantes :

2 m 00 dans la partie Nord du casier de Ha-dông ;

4 m 00 dans la partie Sud du —

2 m. 50 et 2 m. 00 dans les casiers de Binh-luc et Nam-dinh ;

2 m. 00 et 1 m. 50 dans les casiers de Ninh-binh.

La situation des habitants était donc particulièrement critique dans le Sud du casier de Ha-dông où les terrains ne sont qu'à la cote (2 m. 00), tandis que les eaux atteignaient la cote (6 m. 00). En prévision de pareils désastres, les villages sont généralement construits sur des remblais de cote moyenne (4 m. 50), hauteur suffisante pour les inondations ordinaires, mais trop faible pour des cataclysmes semblables à celui de 1915. Les habitants n'ont eu d'autre ressource que de se réfugier sur les toits ou sur des radeaux quand il n'y avait pas de digue aux environs et ils ont vécu pendant 4 mois de la façon la plus précaire. Malgré cela, le nombre des victimes n'a pas été considérable, mais beaucoup de bestiaux et tous les animaux de basse cour ont péri, ainsi que les arbres fruitiers. La plupart des réserves de grains ont été noyées. A la suite de ces pertes, beaucoup d'habitants ont émigré dans les provinces voisines non inondées pour chercher du travail et tâcher de vivre en attendant la fin de l'inondation.

## Colmatages et fertilisation.

La question du colmatage, intimement liée à celle de la suppression des digues, est une des plus discutées au Tonkin, les uns niant, les autres exagérant son importance. Ces discussions ne s'appuyaient jusqu'ici sur aucun fait précis. Afin d'être fixé une fois pour toutes, nous avons fait exécuter de nombreux sondages dans les zônes colmatées de Liên-mac et de Xam-thi. Ces sondages sont reportés sur une carte au 25.000e jointe au rapport. Cette carte est complétée par des coupes, profils et cubature.

Les colmatages proviennent, d'une part, des sables arrachés au lit du fleuve par les courants et, d'autre part, des limons en suspension dans l'eau. Les premiers restent aux environs de la rupture ; les seconds se déposent, plus ou moins loin en arrière, dans les zônes de calme ou de remous. La rupture de Liên-mac offre un exemple caractéristique de colmatage. En partant de la brêche on rencontre les zônes suivantes (voir la coupe schématique de Liên-mac) ;

1° — Zône de 600 à 800 mètres d'affouillements, érosions, ravinements dus à la chute et à la violence des courants.

2° — Zône de 800 mètres de gros sable dont l'épaisseur, nulle à l'origine, augmente progressivement en s'éloignant de la rupture. Ce sable est à la rigueur cultivable en cultures sèches, pauvres, telles que les patates, arachides.

3o — Zône de 1.500 mètres de sable fin, pur, dont la hauteur atteint et dépasse parfois 3 mètres. Ce sable est incultivable du moins pendant quelques années. Par suite de sa hauteur, cette zône forme un bourrelet qui amortit la force des courants et facilite le dépôt des limons en arrière.

4o — Zône de 1.000 mètres de sable fin, légèrement mélangé de limon cultivable en cultures sèches pauvres. Epaisseur moyenne 2 mètres.

5o — Zône de 500 mètres de sable recouvert d'une couche d'alluvions argileux de 0 m. 05 à 0 m. 20 d'épaisseur. Ce sable de 1 m. 50 d'épaisseur moyenne est cultivable en cultures sèches (cotons, maïs, canne à sucre). Les terrains ont une valeur au moins égale à celle qu'ils avaient avant l'inondation.

6o — Zône de 3 à 4 km. de largeur d'alluvions de 1 m. 50 à 0 m. 20 d'épaisseur un peu sablonneux à l'origine et complètement argileux à la fin. Ces terrains peuvent porter toutes cultures ; leur valeur est considérablement augmentée.

7o — En arrière de ces zônes et sur plus de 50 km. de largeur, colmatages irréguliers d'après l'intensité et la direction des courants, la configuration des terrains et les obstacles à l'écoulement des eaux.

Les limites de ces zônes ne sont pas exactement définies sur le terrain comme sur la carte ; le passage de l'une à l'autre se fait progressivement ; cependant ces délimitations sont exactes dans leur ensemble et donnent une idée suffisante de la formation des colmatages.

En coupe transversale, ces colmatages présentent, surtout dans les zônes de sable, de larges ondulations dont chaque fond correspond à l'emplacement d'un courant et chaque arête au bourrelet de dépôts toujours plus accentué dans les régions calmes qui séparent deux courants.

Les colmatages de Liên-mac offrent en outre certaines particularités remarquables :

1o — Entre les km. 11 et 18 absence de colmatage due probablement aux courants particulièrement violents dans cette zône si l'on en juge par la pente du plan d'inondation.

2o — Entre les km. 18 et 22, c'est-à-dire à 20 km. en moyenne de la rupture, colmatage très important de Vinh-ninh (4.440.000 mètres cubes) provenant uniquement des eaux de Liên-mac, d'après la déclaration unanime des habitants. Ce colmatage est dû vraisemblablement à l'énorme remous provoqué par la rencontre des eaux de Liên-mac et Xam-thi.

3o — Entre les km. 22 et 30, forte pente et pas de colmatages.

4o — Entre les km. 33 et 38, fort colmatage de 760.000 $m^3$ de Chu-mai, dû sans doute au mélange en région calme des eaux de toutes les ruptures.

5o — Du km. 38 au km. 63 où les eaux se rejetaient dans le Day, pente nulle et colmatage uniforme de 0 m. 06. Dans cette zône de stagnation, les eaux achèvent de se dépouiller lentement de tous les limons qu'elles tiennent encore en suspension.

Le volume des apports de Liên-mac et Xam-thi est considérable. Il dépasse toutes les prévisions, même les prévisions optimistes des partisans du colmatage. Dans le calcul de ce volume, nous considérons comme colmatages dus à la rupture de Liên-mac, tous ceux qui se trouvent sur la rive droite du Song Tô-lich jusqu'à son confluent avec le Song Nhuê-giang et sur la rive droite du Sông Nhuê-giang en aval de ce confluent. Les colmatages de Xam-thi sont ceux qui sont sur la rive opposée. A partir du Song Guot, le chemin de fer délimite les deux zônes jusqu'à Phu-ly. Dans la cubature, nous réduirons toutes les surfaces de 1/3 pour tenir compte des villages, terres hautes, etc..... très peu colmatées. Ce coefficient de réduction très élevé donne la certitude que les résultats ne sont pas exagérés ; la hauteur adoptée est la hauteur moyenne d'après les différents sondages. Ne sont compris dans la cubature que les dépôts de plus de o m. o2 d'épaisseur.

*Cubature des colmatages dans le casier de Ha-dong.*

| | NATURE ET EMPLACEMENT DES COLMATAGES | URFACE MESURÉE | SURFACE RÉDUITE DE 1/3 | HAUTEUR MOYENNE | CUBE PARTIEL | CUBE TOTAL | OBSERVATIONS |
|---|---|---|---|---|---|---|---|
| | | Hectares | Hectares | | Mètres cubes | Mètres cubes | |
| Colmatages de Liên-mac. | Sable pur de Liên-mac. . . | 320 | 213 | 2m.00 | 4.260.000 | | 16.950.000m3 (sable) |
| | Sable cultivable de Liên-mac | 900 | 600 | 1 60 | 9.600.000 | | |
| | Alluvions sablonneuses de Liên-mac . . . . . . . | 310 | 206 | 1 50 | 3.090.000 | | |
| | Alluvions argileuses supérieures à 0 m.20 à Liên-mac | 2.420 | 1.613 | 0 80 | 12.904.000 | | 26.280.000m3 (Alluvions) |
| | Alluvions argileuses supérieures à 0 m.20 de Vinh-ninh. . . . . . . . . . | 1.110 | 740 | 0 60 | 4.440.000 | | |
| | Alluv. argileuses supérieures à 0 m. 20 de Chu-may. . . | 570 | 380 | 0 20 | 760.000 | | |
| | Alluvions argileuses supérieures à 0 m. 20 de Phung-khoang . . . . . | 34 | 23 | 0 40 | 92.000 | | |
| | Alluvions argileuses supérieures à 0 m.20 de Triêu-khuc . . . . . . . . . | 17 | 11 | 0 36 | 34.000 | | |
| | Alluvions argileuses supérieures à 0 m.20 de Kim-la. | 37 | 25 | 0 20 | 50.000 | | |
| | Alluvions de 0 m.20 à 0.05. | 15.000 | 10.000 | 0 06 | 6.000.000 | | |
| | Alluvions de 0 m.05 à 0.02. | 15.000 | 10.000 | 0 02 | 2.000 000 | | |
| | Total des colmatages de Liên-mac. . . . . . | | | | | 43.230.000 | |

| NATURE ET EMPLACEMENT DES COLMATAGES | | SURFACE MESURÉE | SURFACE RÉDUITE DE 1/3 | HAUTEUR MOYENNE | CUBE PARTIEL | CUBE TOTAL | OBSERVATIONS |
|---|---|---|---|---|---|---|---|
| | | Hectares | Hectares | | Mètres cubes | Mètres cubes | |
| | Report . . . . . | » | » | » | » | 43.230.000 | |
| Colmatages de Xam-thi. | Sable pur de Xam-thi . . . | 138 | 92 | 0 m 80 | 736.000 | | 5.856.000m3 (Sables) |
| | Sable cultivable de Xam-thi. | 530 | 353 | 0 80 | 2.824.000 | | |
| | Alluvions sablonneuses de Xam-thi. . . . . . . | 430 | 287 | 0 80 | 2.296.000 | | |
| | Alluvions argileuses de plus de 0 m. 20 de Xam-thi. . | 2.630 | 1.787 | 0 57 | 10.185 900 | | 16.642.100m3 (Alluvions) |
| | Alluvions argileuses de plus de 0 m. 20 de Ha-vi. . . | 380 | 253 | 0 22 | 556.600 | | |
| | Alluvions argileuses de plus de 0 m. 20 de Co-chat. . | 270 | 180 | 0 20 | 360.000 | | |
| | Alluvions argileuses de plus de 0 m. 20 de Phu-doi. . | 778 | 518 | 0 22 | 1.139.600 | | |
| | Alluvions de 0 m. 20 à 0 m. 05 d'épaisseur. . . . . . . | 6.000 | 4.000 | 0 08 | 3.200.000 | | |
| | Alluvions de 0 m.05 à 0 m.02 d'épaisseur. . . . . . . | 6.000 | 4.000 | 0 03 | 1.200.000 | | |
| | Total des colmatages de Xam-thi. . . . . . | | | | | 22.498.100 | |
| | Total général des colmatages du casier de Ha-dông. . . . . | | | | | 65.728.100 | Sable 22 806.000m3 42.922.100 (Alluvions) |

Le cube total de ces apports représente le colmatage sur 1 m. 00 d'épaisseur d'un casier de 6.600 hectares environ ; si l'on n'admet que les seuls colmatages alluvionnaires, ce casier mesurerait encore 4.300 hectares. Ces chiffres, étant donné le coefficient élevé de réduction des surfaces, doivent être inférieurs à la réalité ; la cubature du colmatage de Liên-mac, faite d'après des profils levés sur la carte, donne des résultats bien plus forts que ceux que nous avons obtenus ci-dessus. Ils ne surprendront pas ceux qui, après le retrait des eaux, ont été voir en curieux la zône comprise entre Liên-mac et la route de Son-tây. Cette zône présentait l'aspect impressionnant de dunes désertiques où, en dehors des villages à demi ruinés, rien ne dénotait le labeur séculaire de l'homme dans ces régions ; chemins, ruisseaux, bas fonds, tout était nivelé et sur ces vastes espaces désolés, pas une herbe, pas un arbre, pas un tombeau, pas un indice de vie.

Le poids des apports *alluvionnaires,* à 1 T 600 par mètre cube, serait de : 42.922.000 mètres cubes × 1 T 600 = 68.675.000 tonnes.

En calculant ce poids d'après le débit des ruptures (40 milliards de mètres cubes) et la teneur moyenne en limon des eaux de crue du Fleuve Rouge (1 k.400 par mètre cube) on trouve : 56.000.000 de tonnes. Les deux chiffres présentent une différence de 12 millions de tonnes qui provient en grande partie de ce que les dépôts de la 6e zône, comptés comme alluvions sur toute leur épaisseur, reposent à leur origine sur une couche de sable qu'il aurait fallu déduire pour avoir des cubatures respectives exactes. En faisant cettte correction on trouve que dans la formation des colmatages du casier de Ha-dông le volume des alluvions a été sensiblement égal à celui des sables.

Les colmatages ont modifié sérieusement le système hydrographique dans un rayon de 6 à 8 kilomètres autour des ruptures. Les lits du Sông Nhuê-giang au droit de Liên-mac et du Sông Kim-nguu au droit de Xâm-thi, ainsi que les lits de leurs affluents ont été nivelés ou obstrués par les apports et l'évacuation des eaux rendue de ce fait impossible dans les bassins étendus de ces rivières. Il a fallu creuser des canaux ou procéder à des curages et ces travaux ont occasionné des dépenses assez élevées. La carte au 1/25.000 des régions fortement colmatées est également à refaire en entier.

Parmi les conséquences curieuses du colmatage, il faut citer la disparition de toutes les limites de propriété. Après le retrait des eaux, les habitants se sont vus dans l'impossibilité de retrouver leurs rizières, ensevelies parfois sous plusieurs mètres d'apport et pas un repère ne subsistait qui leur permette de s'y reconnaître. La question se posait très grave, car les Annamites sont très jaloux de leurs biens et de tempérament processif. Les autorités indigènes se voyaient déjà impuissantes à résoudre les conflits et à apaiser les troubles, qu'aurait créés cet état de choses. Une circonstance imprévue a fort heureusement tout arrangé. En se desséchant les dépôts ont subi des tassements inégaux, variables suivant leur hauteur ; ces tassements étant moins forts sur les parties surélevées, chemins et diguettes, il s'est produit à la surface des fentes très apparentes dont les directions générales dessinaient comme sur un plan les accidents cachés du terrain. Les habitants, ainsi guidés n'ont eu qu'à faire quelques sondages pour retrouver les bornes et rétablir les limites, en s'aidant, en cas de contestation, des titres de propriété et du Dia-bo.

Outre les grands colmatages de Liên-mac et Xam-thi, on trouve encore, en divers points des casiers de Ha-dông, Binh-luc et Nam-dinh, d'autres colmatages de moindre importance, particulièrement au droit des ruptures les plus sérieuses des digues du Sông Mang-giang (Bach-sam), du canal de Phu-ly (Bich-tri) et du Day (Bao-loc). Nous nous contenterons de les signaler, ainsi que ceux des provinces de Phuc-yên et Bac-ninh. Le canal du Sông Mang-giang qui sert d'évacuation au casier de Ha-dông n'a heureusement pas été colmaté. Il le doit aux forts courants qui y régnaient. Le canal de Phu-ly est obstrué sur 2 km. entre les villages de Mang-son et Dep-son. Il sera sans doute nécessaire de faire le curage de cette section pour assurer le fonctionnement du réseau d'assèchement de Ha-dong.

Il est difficile, d'après l'aspect des colmatages, de se rendre compte de toutes les règles qui ont présidé à leur formation. On remarquera simplement :

1° — Que le volume du sable pour des ruptures très importantes comme Liên-mac est à peu près égal à celui des limons et que cette proportion diminue ensuite avec la chute et le débit des ruptures ;

2° — Que la distance des apports sablonneux ne dépasse guère 5 kilomètres ;

3° — Que la distance des différents apports depuis la rupture est proportionnelle à leur poids ;

4° — Que la hauteur des colmatages va en augmentant du milieu aux bords des courants, formant bourrel et entre deux courants ;

5° — Que dans les zônes de forts courants, les dépôts alluvionnaires argileux sont faibles ou nuls ;

6° — Que des colmatages alluvionnaires importants peuvent se produire à 20 et 30 km. des ruptures ;

7° — Que le cube total des colmatages (65.728.100 mètres cubes), réparti uniformément sur 103.000 hectares du casier, donne une épaisseur moyenne supérieure à 0 m. 06. En déduisant les villages et terres hautes non colmatables cette épaisseur devient égale à 0 m. 10. Avec les seuls apports alluvionnaires ces épaisseurs seraient respectivement de 0 m. 04 et 0 m. 07.

Il nous a été impossible d'obtenir des renseignements certains sur le temps mis par les eaux à déposer leurs limons. Ce temps dépend d'ailleurs de la vitesse des courants et de la hauteur de l'eau. C'est un facteur de problème des colmatages que l'on pourrait parfaitement déterminer par des expériences.

*La fertilisation* par les limons du fleuve représente le côté bienfaisant des inondations. La valeur de cette fertilisation est considérable ; sa détermination est intéressante pour le calcul des pertes et bénéfices des inondations en 1915. Voici l'opinion des indigènes à ce sujet :

1° — Tous les terrains inondés pendant un mois au moins, même sans dépôts apparents de limon, donnent une récolte de paddy supérieure aux récoltes normales de 6 paniers par mau, soit une plus-value de 300 kg. par hectare ou 10 $ 50 au prix de 3 $ 50 par °/₀ kilogs de paddy.

2° — Les terrains recouverts de 0 m. 01 à 0 m. 02 de limon portent 2 récoltes successives supérieures aux récoltes normales, la première de 10 paniers par mau, la seconde de 6, soit une plus-value totale de 800 kg. par hectare ou 28 $ 00.

3° — Les terrains recouverts de 0 m. 02 à 0 m. 05 de limon portent 4 récoltes successives supérieures à la normale donnant une plus-value de 1.600 kg. par hectare soit 56 $ 00.

4° — Les terrains recouverts de 0 m. 05 à 0 m. 20 de limon donnent 8 récoltes supérieures aux récoltes normales. La plus-value totale est de 3.000 kg. ou 105 piastres.

5° — Les terrains recouverts de plus de 0 m. 20 de limon sont considérés comme entièrement renouvelés et voient leur valeur augmenter de plus de 40 piastres par mau, 120 piastres environ par hectare.

6° — Les terrains recouverts d'une couche d'alluvions sablonneux supérieure à 0.20 conservent en général leur même valeur.

7° — Les terrains colmatés en sables mélangés d'une petite proportion de limon perdent plus de moitié de leur valeur, soit 150 $ 00 par hectare.

8° — Les terrains recouverts de sable pur perdent à peu près toute valeur, soit 300 piastres par hectare.

Nous devons faire remarquer que les terrains sablonneux, quand ils ne sont pas composés de sables absolument purs, s'améliorent chaque année sous l'action des agents atmosphériques et de la mise en culture.

La fertilisation du sol représente pour les indigènes une telle source de richesse qu'ils demandent unanimement à ce que chaque année on inonde leurs terres, acceptant d'avance tous les ennuis de l'inondation, à la seule condition que les eaux soient évacuées avant le 15 septembre. Ce désir s'explique par le lent épuisement des terres du Delta qui, depuis des siècles, produisent une ou deux récoltes annuelles et ne reçoivent que des fumures insignifiantes.

La valeur de la fertilisation a été démontrée en 1915 par les récoltes superbes obtenues dans tous ceux des casiers inondés qui ont pu faire à temps les repiquages.

*Pertes et bénéfices des inondations en 1915.* — Pour avoir une idée exacte des effets des inondations et des sacrifices à faire pour en éviter le retour, il est nécessaire de connaître l'étendue des pertes qu'elles ont causées et de mettre en regard le chiffre de bénéfices qu'elles laissent en se retirant.

Cette évaluation sera divisée en deux parties :

1° — Pertes et bénéfices concernant la population européenne et indigène.

2° — Dommages causés au domaine public.

*Pertes et bénéfices concernant la population.* — Le plus grave dommage causé aux indigènes par les inondations réside dans les pertes de récolte du 10e mois. Nous donnons ci-dessous le tableau de ces pertes d'après les déclarations des autorités annamites. Le chiffre des pertes représente la différence entre la valeur normale des récoltes et les frais de culture. Le calcul ne s'applique qu'aux casiers inondés par les ruptures de Liên-mac et Xam-thi, tous les autres casiers ayant pu faire, en général, la récolte du 10e mois.

| PROVINCES | TERRAINS inondés en 1915 | TERRAINS faisant normalement la récolte du 10e mois | TERRAINS qui ont pu faire la récolte du 10e mois en 1915 | TERRAINS qui ont perdu la récolte du 10e mois en 1915 | PERTE moyenne par hectare | PERTE totale par province | OBSERVATIONS |
|---|---|---|---|---|---|---|---|
| | hectares | hectares | hectares | hectares | piastres | piastres | |
| Ha-dông. . . | 80.000 | 30.000 | 5.000 | 25.000 | 45,00 | 1.125.000,00 | Partie comprise dans le casier de Ha-dông. |
| Phu-ly. . . . | 46.000 | 12.000 | 2.000 | 10.000 | 42,00 | 420.000,00 | Non compris les casiers R. G. du Day. |
| Nam-dinh . . | 40.000 | 26.000 | 3.000 | 23.000 | 45,00 | 1.035.000,00 | Nom compris les casiers R. G. canal de Nam-dinh. |
| Ninh-binh . . | 55.000 | 31.000 | 11.000 | 20.000 | 42,00 | 840.000,00 | Casiers Nord et Sud, chemin de fer compris. |
| Valeur totale des pertes de récoltes du 10e mois en 1915 . . . . . . . . . . . . . . | | | | | | 3.420.000,00 | |

A ces pertes de bénéfices, il faut ajouter les pertes nettes de semis, repiquages, réserves de grains, bestiaux, arbres fruitiers, maisons, etc., dans tous les périmètres inondés du Delta.

L'ensemble de toutes les pertes peut être évalué comme suit :

| | | |
|---|---|---|
| Pertes de récolte du 10e mois. . . . . . . . . . . | 3.420.000 $ | 00 |
| Pertes de semis et repiquages : 60.000 h. × 6 $ 00. . . . | 360.000 | 00 |
| Pertes de bestiaux et animaux de basse cour. . . . . | 100.000 | 00 |
| Pertes de réserves de grains, semences, etc. . . . . | 100.000 | 00 |
| Dégâts aux maisons, pagodes et jardins. . . . . . | 200.000 | 00 |
| Pertes causées aux particuliers par l'inondation de la ville de Nam-dinh. . . . . . . . . . . . . . | 200.000 | 00 |
| Perte de valeur des terrains colmatés en sable pur = 500 h. × 300 $ 00. . . . . . . . . . . . | 150.000 | 00 |
| Perte de valeur des terrains colmatés en sable mélangé de limon = 1.500 h. × 150 $ 00. . . . . . . . . | 225.000 | 00 |
| Pertes diverses : Bois, bambous employés aux digues, arrêt des transactions locales, etc.. . . . . . . . . | 745.000 | 00 |
| Total des pertes causées à la population par les inondations de 1915. . . . . . . . . . . . . . | 5.500.000 $ | 00 |

Les bénéfices des inondations résident dans l'augmentation de valeur des récoltes et des terrains résultant de la fertilisation. Le calcul de ces bénéfices est fait d'après les surfaces des casiers inondés, les surfaces de colmatages et les plus-values de fertilisation indiquées ci-dessus.

| | | |
|---|---|---|
| Plus-value sur la valeur des récoltes sur tous les terrains inondés . . . . . . . | = 200.000h. × 10 $ 50 = | 2.100.000 $ 00 |
| Plus-value sur la valeur des récoltes sur terrains colmatés de o m.01 à o m.02. . . . | = 50.000 × 28 00 = | 1.400.000 00 |
| Plus-value sur la valeur des récoltes sur terrains colmatés de o m. 02 à o m. 05 . . . | = 32.000 × 56 00 = | 1.792.000 00 |
| Plus-value sur la valeur des récoltes sur terrains colmatés de o m. 05 à o m. 20 . . . | = 20.000 × 105 00 = | 2.100.000 00 |
| Plus-value sur la valeur des terrains colmatés sur plus de o m. 20 . . . . . . . . | = 8.000 × 120 00 = | 960.000 00 |

Total des bénéfices réalisés par la population à la suite des inondations de 1915. . . . . . . . . . . = 8.352.000 $ 00

Le chiffre des bénéfices des inondations de 1915 est donc une fois et demie plus élevé que celui des pertes supportées par la population. Les calculs, basés sur les déclarations des habitants sinistrés eux-mêmes et sur des surfaces indiscutables réduites de 1/4 par précaution, sont aussi exacts et aussi sincères que possible. Leur résultat semble paradoxal à première vue ; il est cependant logique et se justifie aisément. On n'a pour cela qu'à rapprocher la surface des terrains qui ont perdu leur récolte (78.000 Ha.) de la surface des terrains appelés à bénéficier de la fertilisation (310.000 Ha.). La proportion est de 1/4 environ. On comprend que si faible que soit la valeur de la fertilisation elle arrive à compenser les pertes de récolte. Or, loin d'être faible, cette valeur est considérable, surtout pour les terrains fortement colmatés (au-dessus de o m.05); la seule plus-value de ces terrains est presque égale aux pertes de récolte. On remarquera également sur le tableau des pertes de récolte que la surface totale inondée dans les provinces de Ha-dông, Phu-ly, Nam-dinh et Ninh-binh est de 210.000 Ha. alors que celle des terrains cultivables au 10e mois n'est que de 99.000 Ha. Cette grosse différence provient de ce que la majeure partie de ces casiers est formée de cuvette à cotes très basses qui sont régulièrement inondées en saison des pluies et ne peuvent faire que la récolte de saison sèche du 5e mois. Dans ces casiers, les inondations intéressant la récolte du 10e mois sont par conséquent très gênantes pour les habitants en raison de leur hauteur, mais médiocrement préjudiciables aux récoltes ; par contre, toute inondation, même minime, intéressant les récoltes du 5e mois y serait désastreuse.

Ces considérations expliquent comment cette mémorable inondation de 1915, qui paraissait devoir être un désastre irréparable pour la population, lui laissera, au contraire, des bénéfices dès la première ou la seconde année. Sans la fâcheuse crue du 12 octobre, ces bénéfices auraient été immédiats. Malgré cette crue, malgré les pertes de récolte dans quatre provinces, l'ensemble de la récolte du 10e mois au Tonkin a été sensiblement égale à la normale par suite des rendements avantageux obtenus dans les casiers inondés qui purent être mis en culture.

Quand un cataclysme pareil se produit au Tonkin, l'opinion publique européenne est fortement émue par l'aspect impressionnant du pays et la détresse des habitants. La population indigène, au contraire, conserve son calme et sa résignation, car habituée à l'inondation et mieux renseignée sur ses effets, elle sait que les eaux se retireront tôt ou tard laissant leurs rizières fertilisées et que ces avantages doivent se payer de quelques ennuis. Malheureusement, les eaux font parfois des victimes parmi les habitants, surtout quand leur niveau est très élevé. En 1915, il y en a eu fatalement, mais leur nombre a été fort exagéré; la rumeur publique annonçait plusieurs milliers de noyés alors qu'en réalité, d'après notre enquête, il n'y en a pas eu plus de 200 et la plupart par suite d'imprudence (embarcations surchargées ou abandon tardif des villages). Cette erreur d'estimation provînt en partie de la tendance du public à attribuer à l'inondation les décès dus au choléra qui régnait en même temps et qui fit, lui, de nombreuses victimes (4.000 environ).

Il ressort de cette étude que les inondations sont rarement désastreuses pour les habitants. Il faut, pour cela, que toutes les conditions défavorables se trouvent réunies, comme elles l'ont été à Ha-dông en 1915. Dans les circonstances ordinaires, elles sont, au contraire, bienfaisantes et la plupart du temps, il y aurait intérêt à inonder le Delta, si l'on pouvait arriver à régler à volonté la marche des eaux. Cette conclusion est conforme aux désirs de la population ; sa réalisation sera coûteuse, mais elle est possible. Nous l'étudierons en traitant des « Améliorations agricoles ».

*Dommages causés au domaine public.* — Ces dommages peuvent être évalués approximativement comme suit :

| | | |
|---|---|---|
| 1o — Réparations urgentes pendant la crue | | |
| Digues. — Routes. — Bâtiments. . . . . | 250.000 $ 00 | |
| Voie ferrée (Ligne Hanoi à Vinh). . . . | 50.000 00 | |
| — (Ligne Hanoi-Viétri, Cie du Yunnan) | 25.000 00 | |
| Total des réparations urgentes . . . . . . . | | 325.000 $ 00 |
| 2o — Réparations définitives après la crue | | |
| Digues. — Routes. — Bâtiments. . . . | 382.000 $ 00 | |
| Voie ferrée (Ligne Hanoi-Vinh). . . . . | 150.000 00 | |
| — (Ligne Hanoi-Viétri)(Cie du Yunnan) | 20.000 00 | |
| Total des réparations définitives. . . . . . . | | 552.000 $ 00 |
| A reporter. . . . . . . . . | | 877.000 $ 00 |

| | | |
|---|---|---|
| Report . . . . . . . . . . . | | 877.000 $ 00 |
| 3° — Pertes de recettes des chemins de fer | | |
| Ligne Hanoi-Vinh. . . . . . | 190.000 $ 00 | |
| Ligne Hanoi-Viétri (Cie du Yunnan). | 50.000 00 | |
| Total des pertes de recettes. . . . . . . . . . | | 240.000 $ 00 |
| 4° — Dommages divers. | | |
| Curage non prévu des canaux et rivières colmatés. . . . . . . . . . . . . . | 13.000 $ 00 | |
| Divers. — (Dégrèvements de terrains ensablés, acquisitions de terrains, revision du cadastre, etc.) | 70.000 00 | |
| Total des dommages divers. . . . . . . . . | | 83.000 $ 00 |
| Total des dommages causés au domaine public. . . | | 1.200.000 $ 00 |

Les chiffres donnés ci-dessus ont été, pour la plupart, légèrement forcés. Le total représente, par conséquent, un maximum qui tient compte des dommages inconnus à ce jour et des dépassements possibles des crédits affectés aux réparations. Ce total est relativement faible par rapport à l'étendue des inondations et à leur durée. Cela tient au peu de développement actuel du domaine public et au bas prix de la main-d'œuvre. Il en sera tout autrement dans quelques années, lorsque la colonie aura atteint son plein développement. C'est pourquoi, malgré les bénéfices incontestables que les inondations laissent à la population, il semble préférable, pour la sécurité du domaine public et l'avenir du pays, de protéger définitivement le Delta contre les crues du Fleuve Rouge.

## CHAPITRE IV

### ÉTUDE SOMMAIRE DE L'AMÉNAGEMENT DES EAUX DANS LE DELTA DU FLEUVE ROUGE

L'aménagement définitif des eaux de crue représente, pour le Tonkin, une question vitale qui domine toutes les autres. Le développement rapide du pays (routes, chemins de fer, canaux, augmentation de valeur des produits du sol, accroissement de la richesse générale et du commerce, etc.) et la sécurité d'une population de plus en plus dense, exigent que ce problème soit résolu définitivement et à bref délai. Nous examinerons sommairement les diverses solutions envisagées jusqu'à ce jour. Cette étude, faute de documents complets et exacts, ne peut être qu'une ébauche. Nous espérons cependant qu'elle jettera un peu de clarté dans le débat et qu'elle facilitera l'établissement d'un programme définitif d'études et de travaux.

Ces solutions sont les suivantes :

1° — Reboisement des hautes régions ;

2° — Création des réservoirs d'emmagasinement dans la haute région ;

3° — Evacuation partielle des crues de la Rivière Noire dans le Sông-ma ;

4° — Exhaussement des digues au-dessus du niveau des crues exceptionnelles ;
5° — Suppression des digues et colmatage des cuvettes ;
6° — Arrasement des digues à un niveau déterminé ;
7° — Renforcement des digues actuelles et surélévation de la cote de sécurité absolue ;
8° — Améliorations du lit majeur du Fleuve Rouge et fixation du lit mineur ;
9° — Création de réservoirs régulateurs dans le haut Delta (déversoirs et siphons) ;
10° — Augmentation de débouché et amélioration des défluents (aménagement du Day) ;
11° — Améliorations agricoles par utilisation des eaux de crue du Fleuve Rouge.

1° — *Reboisement des hautes régions.* — Dans toutes les Hautes régions, la forêt, ravagée par les défrichements intensifs des peuplades montagnardes (Muongs, Mans et Meos) et par les incendies annuels, disparaît rapidement. A ce mal, il n'existe pour le moment aucun remède effectif. Le Service des forêts n'exerce son action qu'aux environs du Delta et les zônes forestières du Tonkin et du Laos sont trop étendues pour songer à organiser efficacement leur surveillance. La dépense serait hors de proportion avec les résultats. En outre, les parties supérieures des Bassins du Fleuve Rouge et de ses affluents sont en Chine et échappent à notre contrôle. Quant au reboisement des parties déjà dénudées ce n'est qu'un faible et coûteux palliatif au point de vue des inondations. Il faut donc se résigner à supporter les conséquences du déboisement jusqu'à ce que les hautes régions soient organisées et administrées comme le sont les provinces du Delta, ce qui demandera au moins un demi siècle. Or, on ne peut attendre jusque là pour résoudre le problème des eaux du Tonkin et il faut chercher une solution plus rapide et plus efficace.

2° — *Création de réservoirs d'emmagasinement dans les Hautes régions.* — Pour baisser le plan d'eau à Hanoï de 1 mètre de la cote (12.00) à la cote (11.00) par exemple, pendant une période de 6 jours il faudrait un réservoir capable de contenir : (6 j × 24 h × 60' × 60" × 3.300 mètre cubes) = 1.711 millions de mètres cubes. La création d'un pareil réservoir, dans les conditions les plus favorables, coûterait au moins 100 millions de francs. Dans le cas actuel, elle est matériellement impossible, car même avec des barrages très élevés, on ne pourrait emmagasiner en un seul réservoir que le 1/10e de ce volume dans les vallées resserrées du Fleuve Rouge, de la Rivière Noire et de la Rivière Claire. Il faudrait, par conséquent, multiplier les réservoirs et par suite la dépense sans être certain du résultat. Cette seconde solution n'est donc pas à retenir.

3° — *Evacuation partielle des crues de la Rivière Noire dans le Sông-ma.* — Ces deux rivières sont séparées par un massif montagneux qui s'abaisse et s'étrangle à hauteur du Su-yut. Le canal reliant ces deux rivières aurait environ 40 kilomètres de longueur et serait en souterrain sur 6 kilomètres. Or, la section d'un canal capable de dériver 3.300 mètres cubes serait, quelle que soit sa pente, supérieure à celle du canal de Suez ou de Panama. Son établissement coûterait sans doute plusieurs milliards. Cette solution est donc une utopie d'autant plus irréalisable que ce supplément de débit, coïncidant avec une crue du Sông-ma, entraînerait fatalement l'inondation du Delta du Thanh-hoa. Il est en outre plus que probable que le niveau du Sông-ma à hauteur de l'étranglement est plus élevé que celui de la Rivière Noire.

4° — *Exhaussement des digues au niveau des crues exceptionnelles.* — Nous avons vu que les digues du Delta sont arrasées actuellement pour contenir des crues de cote (11.20) à Hanoi mais que leur cote de sécurité ne dépasse pas (10.70) tandis que les crues exceptionnelles atteignent la cote (13.00). L'exhaussement normal dans le haut Delta serait donc de 1 m. 80 au moins avec un renforcement correspondant à une surcharge de 2 m. 30. Pour des digues en terre, celles du Tonkin, on peut admettre que les sections varient proportionnellement aux pressions, c'est-à-dire au carré des hauteurs de charge. En appliquant cette règle à une digue moyenne du haut Delta mesurant 6 mètres de largeur de plate-forme, 6 mètres de hauteur et talus à 3/2, soit une section de 90 mètres carrés, on trouve que la nouvelle digue, sous une surcharge de 2 m.30, devrait avoir une section de: $90^{m2} \times \frac{(6.00 + 2.30)^2}{6.00^2} = 172^{m2}$ soit une augmentation de 82 mètres carrés. Dans le bas Delta cette augmentation irait en diminuant peu à peu jusqu'à devenir nulle à la mer. L'augmentation moyenne serait donc de 41 mètres carrés environ, laquelle, appliquée au réseau de digues du Fleuve Rouge et de ses défluents (2.000 km.), donnerait un cube supplémentaire de terrassements de 82.000.000 de mètres cubes auquel il faut ajouter 18.000.000 de mètres cubes pour les digues secondaires intéressées par cet exhaussement, soit 100.000.000 de mètres cubes au total. La dépense à 0 fr. 35 la mètre cube s'élèverait à 35.000.000 de francs, qu'il faut majorer de 5.000.000 de francs pour acquisitions de terrains, modifications des écluses, etc.... On peut prévoir une dépense totale de *40 millions de francs*. Cette solution, quoique coûteuse, n'est pas hors de proportion, avec le résultat à atteindre et rentre dans le domaine des possibilités budgétaires. Elle paraît être à première vue rationnelle et facile à réaliser. On hésitera cependant à l'adopter à cause de l'incertitude de ses résultats, une rupture accidentelle étant toujours possible sur des digues en terre, quelle que soit leur section. Or une rupture lors d'une crue de cote (13.00) aurait les conséquences les plus graves avec des digues ainsi surélevées ; son débit, accru par la hauteur de chute, prendrait des proportions fantastiques ; l'inondation des casiers serait si rapide et la hauteur des eaux si élevée que la plupart des habitants ne pourraient se sauver. Ce serait une irréparable catastrophe. Il est donc préférable de chercher une solution plus économique et moins dangereuse.

5o — *Suppression des digues et colmatages des cuvettes.* — Cette solution radicale compte de nombreux partisans au Tonkin. Leur thèse s'appuie sur les multiples et sérieux inconvénients des endiguements : exhaussement du lit majeur et par suite du niveau moyen des crues, divagations du lit mineur, impossibilité de colmatage des cuvettes, appauvrissement des terres, dépenses et ennuis causés à la population par l'entretien des digues, fréquence et gravité des inondations. Ces inconvénients sont réels ; il reste à savoir si les inconvénients de la suppression des digues ne sont pas encore plus graves. Pour cette étude nous avons dressé un profil chématique du Delta du Fleuve Rouge, de Liên-mac à la mer, qui montre la coupe des terrains et la hauteur des inondations de 1915 dans les provinces de Ha-dông, Phu-ly, Nam-dinh et Ninh-binh. Ce profil indique bien la transition du moyen au bas Delta avec les cotes moyennes caractéristiques de chaque zône. Quelles seraient les cotes de l'inondation dans ces casiers toutes digues enlevées ? Il faut admettre que la quantité d'eau qu'ils recevront sera égale, sinon supérieure à celle de 1915, car toutes les eaux de la Rivière Noire et du Fleuve Rouge reçues par la province de Son-tây, viendront se rejeter dans Ha-dông et Phu-ly. Etant donnée la ligne de pente générale du terrain, la marche de l'inondation sera la même qu'en 1915 ; la grande masse des eaux ira fatalement se jeter dans le Day entre Doan-vi et le confluent du canal de Nam-dinh et s'écoulera à la mer par le casier Sud de Ninh-binh. Malgré la suppression de toutes digues dans ce casier, la zône d'évacuation limitée par les massifs rocheux qui séparent le Tonkin de l'Annam et barrée transversalement par une ligne d'anciennes dunes de cote (1.50 à 1.80) qui vont du Day aux montagnes, présentera un débouché réduit. Le niveau du Day au confluent du canal de Nam-dinh restera donc assez élevée. En 1915, pour une marée de 27 décimètres on a eu la cote (3.00) en ce point ; on aurait eu certainement (3.20 à 3.50) avec une forte marée de 39 décimètres. En supposant que l'augmentation de débouché permette d'abaisser de 1 mètre cette cote, on aurait encore, par hautes mers la cote (2.20) au minimum. Par basses mers, cette cote variera très peu, car à mesure que le plan d'inondation baisse, la hauteur de la nappe d'évacuation et par suite son débit diminuent et il arrive un moment où le Day évacue toutes les eaux et reprend son régime normal. La cote au confluent du canal de Nam-dinh à 32 km. de la mer sera par conséquent égale aux cotes actuelles des crues en ce point, par basses mers, soit (1.70).

Du canal de Phu-ly (km. 60) au confluent du canal de Nam-dinh (km. 92) l'inondation, dont l'évacuation ne sera plus gênée par les digues, aura évidemment une pente supérieure à celle de 1915 qui était de 0 m. 03 par km. Nous adopterons simplement cette pente, pour être certain des résultats. Elle donne la cote (3 m. 20) au canal de Phu-ly. En ce point, l'action des marées sera insensible sur le niveau du plan d'inondation et cette cote (3 m. 20) sera la même que les marées soient hautes ou basses.

Du Sông Kim-nguu, origine du bas Delta (km. 35) au canal de Phu-ly (km. 60) l'inondation grossie de toutes les eaux venues de Son-tây par les ouvertures de la digue rive gauche du Day, aura une forte pente, égale à celle qu'aurait eu l'inondation de 1915, sans les digues du canal de Phu-ly et du Day. Cette pente était de 0 m. 05 par km. Nous adopterons par précaution 0 m. 04 seulement, qui donne au Sông Kim-nguu une cote de (4 m. 20).

De Liên-mac au Song Kim-nguu, les eaux auront les mêmes pentes générales qu'en 1915, pentes déterminées par la configuration du terrain. La cote à Liên-mac correspondra à la cote actuelle de débordement du lit mineur, en ce point qui est de (8 m. 00) environ.

Le profil indique le plan d'inondation d'après ces diverses cotes. On voit que, par les hautes mers, toute la zône du bas Delta est recouverte par les eaux sur une hauteur moyenne de 1 m. 50 et que dans le haut Delta il n'émerge que quelques îlots de terres hautes. Par les basses mers, les casiers maritimes se découvrent, pour être à nouveau inondés quelques heures après. Il en sera ainsi tant que les crues resteront au-dessus de la cote (7 m. 00) à Hanoi, niveau moyen de débordement du lit mineur. Quand les crues diminueront, la surface découverte augmentera légèrement sur les terrains élevés, mais tous les terrains bas, qui représentent les 8/10 de la surface, resteront recouverts jusqu'au jour où l'inondation, n'étant plus alimentée, cessera complètement. Par conséquent, la culture ne sera possible sur ces terrains que pendant les époques de l'année où les crues supérieures à (7 m. 00) ne sont plus à redouter. Le graphique joint à ce rapport montre que, du 15 juin au 15 septembre, ces crues sont trop fréquentes pour pouvoir mettre les terres en culture avec quelques chances de succès. Or le 15 septembre est à peu près la date extrême de repiquage des riz du 10e mois. En admettant que dans les années favorables, les repiquages aient pu se faire à cette date, le graphique montre qu'ils auraient été plus ou moins compromis par 33 crues supérieures à (7 m. 00) réparties sur 22 années, pendant une période de 30 ans. On peut en conclure qu'après la suppression des digues, la culture des riz du 10e mois sera pratiquement impossible, sur les casiers rive droite du Fleuve Rouge, sauf sur quelques terres hautes représentant 2/10e de la surface au maximum.

La période culturale de 5e mois s'étend du 15 décembre au 15 juin et correspond à la saison sèche. La récolte s'échelonne du 1er mai au 15 juin. En consultant le graphique on constate, entre ces deux dates, 12 crues supérieures à (7.00) réparties sur 11 années en 30 ans, soit une année sur trois environ. Mais il faut faire remarquer que la plupart de ces crues de courte durée et de cote en général inférieure à (8.00) se seraient évacuées rapidement causant très peu de dommages à la récolte, sauf dans quelques cuvettes à écoulement trop lent. Seules les crues de 1890, 1899 et 1913 auraient pu avoir des effets désastreux. Cependant il n'y a en réalité qu'à retenir la crue de 1890, les deux autres ayant eu lieu les 8 et 13 juin, au moment où plus des 9/10e de la récolte sont rentrés. Cette crue de 1890, elle-même tardive (30 mai), aurait en somme causé peu de dégâts. Ces constatations sont encourageantes ; malheureusement elles ne s'appliquent qu'aux casiers éloignés de la mer et de cote moyenne assez élevée. Dans les casiers maritimes, les cultures du 5e mois devront être protégées par des digues contre l'envahissement des eaux salées qui remontent très haut pendant cette période. De même, les casiers du bas Delta devront conserver leurs digues et écluses pour éviter l'inondation par refoulement des hautes marées, des cuvettes à cote inférieure à (1.20) qui forment la majeure partie de leur surface. Toutes ces digues arrasées à des cotes variant de 1.70 à 2.30 formeront obstacle à l'écoulement des inondations et l'on retombera dans les conditions désastreuses actuelles avec cette aggravation que les inondations auront lieu régulièrement chaque année et se prolongeront pendant toute la période des crues. On se trouve dans l'obligation ou de subir ces inondations aggravées ou de sacrifier les casiers maritimes et les cuvettes du bas Delta qui représentent la moitié de la surface cultivable au 5e mois. Il n'y a qu'un moyen de sortir de ce dilemme : c'est le colmatage de tous les terrains bas à un niveau supérieur à celui du refoulement de l'eau salée et des marées ou, ce qui serait préférable, à un niveau supérieur au plan d'inondation. On voit, d'après le profil schématique, que dans le premier cas la hauteur moyenne de colmatage serait de 1 m. sur une longueur de 60 km. et à une distance moyenne de 90 km. du fleuve et, dans le second cas, de 2 m. sur 100 km. et à une distance moyenne de 70 km.

Admettons les volumes d'apports de 1915 soit 23.000.000 $m^3$ de sable et 43.000.000 $m^3$ d'alluvions. Le sable, en raison de son poids, restera toujours au bord du fleuve ; seuls les alluvions iront au loin colmater les cuvettes. Supposons que toutes les digues étant rompues, ces alluvions se répandent uniformément sur les 221.000 Ha. du casier ; la hauteur annuelle d'exhaussement serait de 0 m. 02 et de 0 m. 03 en déduisant les terrains hauts. Il faudrait donc théoriquement 33 ans dans le premier cas et 66 dans le second pour que les terrains atteignent le niveau désiré. En réalité, ces périodes doivent être doublées ou à peu près, car une partie de ces alluvions, par suite de la vitesse régulière des eaux d'inondation ne pourra se déposer en cours de route et ira se perdre dans la mer. Les durées respectives de colmatage seraient donc de 60 ans et 120 ans environ. Pendant la première période de 60 ans, les casiers maritimes et les cuvettes du bas Delta ne feraient ni la récolte du 5e mois, ni celle du 10e mois. Ces régions qui, grâce aux digues, nourrissent actuellement plus de 1.000.000 d'habitants, devraient par conséquent être abandonnées. Dans les casiers R. G. du Fleuve Rouge et dans les autres casiers maritimes il en serait de même et la population ainsi chassée de chez elle dépasserait certainement deux millions. L'importance de ce chiffre montre les inconvénients de la suppression immédiate des digues. On pourrait procéder au colmatage avant de supprimer les digues. Les enseignements tirés des inondations de 1915 montrent que ce colmatage est possible en principe ; en réalité, il est irréalisable parce que trop long et trop coûteux. La construction des écluses d'admission et d'évacuation, des canaux d'adduction et de répandage, des digues de retenue, etc. et le déplacement fréquent de tous ces ouvrages coûteraient des sommes folles, bien supérieures à la valeur des terrains à améliorer. En outre, le débit des écluses étant très limité et sans aucun rapport avec celui d'une rupture, le colmatage, dont le cube est proportionnel à celui des eaux, serait infiniment long. Il faut compter plusieurs siècles et des centaines de millions pour le colmatage, à un niveau suffisant, de toutes les cuvettes du bas Delta et des casiers maritimes.

Nous résumons ci-dessous les inconvénients de la suppression des digues :

1o — Perte de la récolte du 10e mois sur les 8/10e de la surface des casiers du moyen et bas Delta ;

2o — Perte de la récolte du 5e mois sur les 5/10e de la surface des casiers du moyen et bas Delta ;

3o — Durée trop longue du colmatage (de 60 ans à plusieurs siècles suivant les cas) ;

4o — Dépenses trop élevées du colmatage ;

5o — Abandon forcé par une nombreuse population (2.000.000 d'habitants pour le Delta du Fleuve Rouge) des régions à colmater.

Nous pensons que ces inconvénients sont bien supérieurs à tous les avantages que l'on pourrait retirer de la suppression des digues dans le moyen et bas Delta. Pour le haut Delta (province de Phu-tho, Vinh-yên, Phuc-yên et Son-tây), il n'en est pas de même. Ces provinces auraient sans doute à gagner à la suppression des digues ; mais la question d'évacuation des eaux d'inondation rendra toujours le problème difficile à résoudre.

6o — *Arrasement des digues à un niveau déterminé.* — Beaucoup d'habitants, spécialement ceux des régions basses, demandent l'arrasement des digues à un niveau qui soit : plus bas que celui des fortes crues de la période culturale du 10e mois afin de bénéficier de la fertilisation et plus élevé que celui des crues de la période culturale du 5e mois, afin de faire en toute sécurité cette récolte. Comme ces régions ne font généralement pas de récolte du 10e mois, le désir des habitants est conforme à leurs intérêts, il confirme ce que nous avons dit plus haut sur la nécessité de conserver les digues du bas Delta.

Il ressort de cette étude qu'il y aurait intérêt pour le haut Delta à supprimer les digues, pour le moyen Delta à conserver le statu quo et pour le bas Delta à arraser les digues. Ces intérêts sont inconciliables ; tant que le bas Delta conservera ses digues, on ne pourra les suppimer en amont et si le haut Delta supprime les siennes, la suppression devient obligatoire dans les casiers aval. C'est pourquoi toute tentative importante d'amélioration du régime des eaux au Tonkin, basée sur la suppression ou l'arrasement des digues, est d'avance vouée à l'insuccès. Ces systèmes de même que le colmatage ne peuvent être appliqués avec fruit qu'à de petites améliorations locales. (Voir ci-après le paragraphe « Améliorations agricoles ».)

7° — *Renforcement des digues actuelles et surélevation de la cote de sécurité absolue.* — Depuis 1909, on a poursuivi méthodiquement au Tonkin l'exécution d'un programme de renforcement d'après les leçons de chaque crue. Ce programme consiste à porter la plateforme à une largeur minimum de 6 mètres et à un niveau correspondant à celui d'une crue de (11.20) à Hanoi, à revêtir de masques imperméables en argile les talus intérieurs sujets à des infiltrations et à renforcer les talus intérieurs sujets à des affaissements. Ces travaux ont déjà donné de très bons résultats. Les ruptures qui, avant 1909, étaient très fréquentes pour les crues de cote (10.00) à (10.50) ne se produisent plus maintenant au-dessous de (10.70). En 1915, la première rupture s'est produite quand la crue était à Hanoi à la cote (11.34) que l'on peut considérer comme cote limite actuelle de ruptures pour des crues de courte durée. Pour les crues de longue durée, la digue imbibée perdant peu à peu de sa force de résistance, cette cote baisse jusqu'à un point où la sécurité est absolue, quelle que soit la durée de la crue, en dehors des ruptures accidentelles. La cote (10.70) à Hanoi correspond à peu près à ce point. Il y aurait grand intérêt à élever cette cote de sécurité afin d'augmenter la capacité du fleuve et de diminuer d'autant le volume à évacuer dans les réservoirs. On peut facilement la porter à (11.00) en poursuivant régulièrement le programme actuel de renforcement pendant 5 ans environ. A ce moment le niveau de la digue sera réglé partout et tous les points faibles renforcés. Cette amélioration se fera automatiquement sur les crédits ordinaires d'entretien des digues et il n'y a pas à prévoir de crédits spéciaux à moins que l'on ne désire la réaliser d'urgence. Dans ce cas les dépenses s'élèveraient à 2.000.000 de piastres environ.

Dans l'étude de l'aménagement des réservoirs et défluents, nous supposerons cette amélioration réalisée et adopterons le cote (11.00) comme base de tous les calculs.

8° — *Améliorations du lit majeur du Fleuve Rouge — Fixation du lit mineur.* — L'examen du profil en long de la crue du Fleuve Rouge en 1915 montre la relation étroite qui existe entre le niveau des crues et la configuration du lit majeur ; tout étranglement se traduit par une retenue amont et une chute ; tout épanouissement par une réduction de pente. Chacune des irrégularités du lit majeur présente ses inconvénients spéciaux ; le relèvement des crues par les étranglements entraîne un surexhaussement inutile des digues et la vitesse exagérée des courants dans les chutes menace la sécurité de ces ouvrages ; la réduction de pente et par conséquent de vitesse dans les épanouissements facilite le colmatage du lit majeur, les tourbillons dus aux coudes brusques de la digue provoque des érosions et gênent l'écoulement des eaux ; enfin, les villages, digues et routes établis sur le lit majeur ou sur les îles diminuent la section utile d'écoulement et provoquent des tourbillons réunissant ainsi les inconvénients des étranglements et des coudes.

Les améliorations du lit majeur faciliteront certainement l'évacuation rapide des crues et abaisseront sensiblement leur niveau moyen. Parmi ces améliorations les plus nécessaires et les plus urgentes sont les suivantes :

1° — Suppression de l'étranglement de Thuy-phong (km. 55) ;

2° — Suppression de l'étranglement de Xam-co (km. 89) ;

3° — Suppression du casier intérieur endigué de Tu-nhiên à l'intérieur du lit majeur entre les km. 91 et 93 ;

4° — Suppression de l'étranglement de Thu-duong (km. 94) ;

5° — Suppression ou réduction du casier intérieur endigué de Man-tru-chu entre les km. 94 et 102 ;

6° — Suppression de l'étranglement de Lat-duong (km. 904) ;

7° — Réduction du casier intérieur endigué de Bac-chau entre les km. 125 et 129 ;

8° — Suppression du casier intérieur endigué de Dông-viên entre les km. 132 et 135 ;

9° — Suppression de l'étranglement de Doi-xuyên au km. 140 ;

10° — Suppression du casier intérieur endigué de Thanh-nga entre les km. 143 et 149.

Toutes ces améliorations sont possibles. Elles consistent en recul ou suppression des digues. Aux dépenses de travaux il faut ajouter les indemnités à payer à certains villages qui ne seront plus protégés. Il est difficile d'évaluer à l'avance le montant de ces améliorations. Si l'on en juge par la longueur de digues à refaire, elle atteindra probablement 1.500.000 piastres. Ces améliorations restent donc dans la limite des ressources budgétaires du Tonkin. Quand elles seront entièrement réalisées, le niveau moyen des crues sera, à notre avis, abaissé de 0 m.30, hauteur équivalente à un débit supplémentaire de 1.000 mètres cubes. En certains points, cet abaissement atteindra 1 m.00. Les digues soumises à des pressions moins fortes et à des courants moins violents offriront beaucoup plus de garantie et si les travaux de renforcement sont menés parallèlement, ces ouvrages résisteront à toutes les crues, quelles que soient leur importance et leur durée, pourvu que l'on puisse éviter leur submersion. Ces avantages justifient largement les dépenses, quand bien même elles seraient plus élevées que nos prévisions.

Parmi les autres améliorations proposées il faut citer l'élargissement général et le redressement du lit majeur. Ces améliorations sont réalisées en partie par la suppression des étranglements et des coudes. L'extension exagérée de ces mesures et le recul général des digues dans lequel beaucoup de personnes veulent voir la solution définitive de la question des crues, ne donneraient, au prix d'énormes sacrifices d'argent et de terrains, que des résultats très incertains et peut-être néfastes. Quand la section d'écoulement augmente au delà d'une certaine limite, le courant devient trop faible et le lit majeur se colmate rapidement. Ces colmatages peuvent avoir de graves conséquences ; on en a un exemple par l'obstruction du Day à son origine, obstruction due à la formation d'un banc de sable dans le vaste épanouissement que présente en ce point le lit du fleuve. Si l'on recule les digues, l'augmentation de section donnée par ce recul sera compensée en quelques années par le colmatage, les crues reprendront leur niveau antérieur et le problème se posera à nouveau plus angoissant que jamais. C'est pourquoi il semble préférable de s'en tenir aux améliorations indiquées par le profil. Nous croyons même, que dans certains cas, il y aurait intérêt à diminuer la largeur des épanouissements.

Quand les digues rectifiées et renforcées seront devenues des ouvrages définitifs, il importe que les érosions des berges ne viennent pas compromettre leur existence. Pour cela, il faudrait pouvoir fixer d'une manière également définitive le lit mineur du fleuve. C'est un travail qui présente de grosses difficultés par suite de l'inconsistance des fonds et des berges. Les fonds sont composés de bancs de sable très instables qui se déplacent aux moindres crues, de sorte que chaque année le profil du lit se trouve modifié ; cette modification entraîne celle des courants qui viennent menacer tantôt une berge tantôt l'autre. Généralement la berge concave est la plus exposée, mais cette règle n'est pas absolue. Sous l'action des courants les berges s'effritent peu à peu et les érosions gagnent le pied des digues qui sont emportées sans qu'on puisse s'y opposer. La rupture de Liên-mac offre un exemple caractéristique de ce genre d'accidents. Au droit de cette rupture, la berge de forme plutôt convexe, était depuis 1909 sujette à de graves érosions dont les épis et revêtement n'avaient pu arrêter les progrès. La distance de berge à la digue qui était de 300 mètres en 1909, se trouvait réduite à 50 mètres en 1915 et cette légère bande dut être emportée elle-même par les remous de la crue de sorte que la digue n'ayant plus d'appui s'effondra subitement.

Jusqu'ici, pour lutter contre les divagations du lit mineur et la force destructive des courants on a employé des épis et revêtements faits avec des enrochements jetés pêle-mêle et renouvelés au fur et à mesure des besoins. Ces ouvrages n'ont pas toujours donné les résultats espérés à cause de l'inconsistance des terrains qui leur servent d'appui et des remous qu'ils provoquent. Ils sont fréquemment emportés et leur entretien devient à la longue très coûteux. Ce système de défense est cependant le plus économique qui existe, tous les autres procédés, tels que les épis avec pieux et palplanches, digues submersibles maçonnées, revêtements par des masques en béton armé, etc... seraient ruineux et ne donneraient peut-être pas de meilleurs résultats. On n'arrivera jamais à fixer d'une façon définitive le lit mineur du fleuve ; cette sujétion subsistera toujours avec ses menaces permanentes pour la sécurité des digues et ses dépenses constamment renouvelées. Les travaux à entreprendre d'urgence peuvent être évalués à 500.000 piastres.

La première mesure à prendre avant de commencer toute amélioration, consiste dans publication et l'application au Tonkin d'une réglementation sévère des digues et cours d'eau. Cette réglementation existait dans l'ancienne législation annamite, mais, pendant les années de trouble qui précédèrent et suivirent la conquête, elle tomba en désuétude et n'a jamais, depuis lors, été remise en vigueur. Les villages et les particuliers en ont profité pour s'installer sur les digues ou dans le lit majeur, allant même jusqu'à créer des casiers intérieurs complètement endigués. L'Administration elle-même a parfois autorisé ces empiètements dont les inconvénients sont encore aggravés par certains travaux d'utilité publique (routes et chemins d'accès formant barrage, ponts de débouché insuffisant, etc.). Ces erreurs du passé s'expliquent par l'absence d'un programme d'amélioration nettement défini et d'une législation appropriée. Elles ne se reproduiront plus dès que ce programme et cette législation seront devenus effectifs, ce qui ne saurait tarder.

9° — *Création de réservoirs régulateurs dans le haut Delta (déversoirs et siphons).* — Le système des réservoirs, impraticable dans la haute région, faute d'emplacements favorables, peut être appliqué avec succès dans le haut Delta où l'on trouve plusieurs casiers endigués susceptibles d'être transformés en réservoirs d'emmagasinement.

Ces réservoirs sont les suivants :

1° — Réservoir de Viétri ;
2° — Réservoir de Son-tây ;
3° — Réservoir de Vinh-yên.

*Le réservoir de Viétri* est compris entre le Fleuve Rouge, la Rivière Claire et la ligne de chemin de fer depuis Phu-tho jusqu'à Viétri. Sa contenance peut être évaluée sommairement à 200 millions de mètres cubes. Il ne possède aucun évacuateur; les eaux reçues du Fleuve Rouge en amont iraient se déverser dans le même fleuve en aval dès que le casier serait rempli. La capacité de ce réservoir est trop faible comparée à l'énorme volume d'eau à enlever au fleuve et les services qu'il pourrait rendre ne sont pas en rapport avec ses dépenses d'aménagement et ses sujétions. C'est pourquoi on ne devra l'adopter qu'en cas de nécessité absolue, si tous les autres moyens sont insuffisants.

*Le réservoir de Son-tây* est compris entre la Rivière Noire, le Fleuve Rouge, le Day et la route de Hanoi à Hoa-binh. En élevant suffisamment le niveau de cette route, il est probable que l'on pourrait porter sa contenance à 1 milliard de mètres cubes. Les eaux reçues de la Rivière Noire ou du Fleuve Rouge iraient se rejeter dans le Day à Ba-tha par le Sông-con et le Sông-bui. Cette évacuation qui atteindrait peut-être 1.000 mètres cubes à la seconde augmenterait d'autant la puissance d'absorption du réservoir dont l'aménagement ne serait en outre pas très coûteux. Les conditions favorables plaident en faveur de l'adoption mais en étudiant les résultats, il en est tout autrement. Le réservoir de Son-tây joue, en effet, le même rôle que le Day. Etant donnés les inconvénients qui en résulteraient pour toutes les régions inondées du casier, il semble préférable, à tous les points de vue, d'augmenter la capacité du Day. Cette solution est plus naturelle et plus logique ; ce n'est que dans le cas où elle serait irréalisable que la création du réservoir de Son-tây s'imposerait. Or, nous verrons plus loin, dans l'étude de l'aménagement du Day, que ce défluent peut recevoir une dotation supplémentaire bien supérieure à l'absortion maximum du réservoir.

*Le réservoir de Vinh-yên* est compris entre la Rivière Claire, le Fleuve Rouge, le Sông Ca-lô et les contreforts du Tam-dao. D'après des évaluations antérieures, sa contenance serait de 1 milliard de mètres cubes et le débit du Sông Ca-lô, qui lui sert d'exutoire, de 1.000 mètres cubes à la seconde quand le plan d'inondation est à son maximum. Le principe de ce réservoir a été posé par la Commission des digues de 1895. L'introduction des eaux devait se faire par 18 déversoirs de 100 mètres de longueur chacun arrasés à 1 mètre en contrebas des plus hautes eaux connues. Ces déversoirs furent exécutés en 1896. Ci-dessous résumés les quelques renseignements que l'on possède sur leur fonctionnement.

| DATES DES CRUES | FONCTIONNEMENT DES DÉVERSOIRS | COTES A HANOI | | BAISSE DUE AUX DÉVERSOIRS | DÉBIT CORRESPONDANT | OBSERVATIONS |
|---|---|---|---|---|---|---|
| | | Observées | Calculées | | | |
| juill. 1899 | Fonctionnement partiel — 9 coupures sur 18. . . . . | 10.90 | 11.55 | 0.65 | 2.000m3 | |
| — 1902 | Fonctionnement partiel — 9 coupures sur 18. . . . . | 10.30 | 10.70 | 0.40 | 1.200 | |
| juin 1904 | Fonctionnement partiel — 2 coupures sur 18. . . . . | 10.20 | 11.00 | 0.80 | 2.400 | (?) Résultats douteux. |
| juill. 1904 | Fonctionnement partiel — 16 coupures sur 18. . . . . | 10.58 | 11.60 | 1.02 | 3.200 | |
| août 1904 | Fonctionnement total. . . . | 10.93 | 12.98 | 2.05 | 7.000 | (?) Résultats douteux. |

(Les diversoirs n'ont plus fonctionné depuis août 1904).

Les résultats de juin et août 1904 sont faussés par des ruptures ou submersions de digues qui ont influencé la cote de Hanoi. Les autres résultats, plus exacts, montrent que les déversoirs du Vinh-yên, tels qu'ils avaient été conçus, pouvaient abaisser pendant un certain temps le niveau des fortes crues de plus de 1m.00 à Hanoi. On ne possède que de vagues renseignements sur le régime des eaux à l'intérieur du casier et sur le régime du Sông Ca-lô, pendant les périodes de fonctionnement des déversoirs mais il n'en reste pas moins acquis que le réservoir du Vinh-yên peut rendre de grands services. La Commission supérieure des digues de 1915 a préconisé son utilisation, tout comme celles de 1895 et 1905 et les travaux d'aménagement définitif sont déjà commencés. Pourra-t-on, à l'aide de ce seul réservoir, résoudre entièrement le problème des crues du Fleuve Rouge ? C'est ce que nous allons étudier.

Le but des réservoirs est d'abaisser, pendant le temps nécessaire, le niveau des plus fortes crues de telle façon qu'il ne dépasse jamais la cote de sécurité absolue des digues. Nous avons vu que cette cote qui est actuellement de (10.70) peut être portée en quelques années à (11.00) en poursuivant simplement le programme de renforcement en cours. Nous admettrons que cette amélioration soit d'ores et déjà réalisée. En conséquence, les réservoirs devront absorber le débit supplémentaire des crues supérieures à (11.00). Nous laisserons de côté les crues « maxima » de cote (14.00) qui n'arrivent qu'une fois par siècle. Ce sont des cataclysmes contre lesquels il n'y a pas à lutter ; leur rareté atténue d'ailleurs leur danger. Nous nous arrêterons aux crues exceptionnelles par leur niveau comme celles de 1893, 1904 et 1915 ou par leur durée comme celle de 1913. Ces crues sont assez fréquentes pour qu'on mette le Delta à l'abri de leurs ravages.

Le réservoir du Vinh-yên est-il suffisant ponr remédier à de pareilles crues ? Des deux tableaux ci-dessous indiquent le fonctionnement APPROXIMATIF qu'aurait eu ce réservoir pendant les crues de 1913 et 1915, toutes deux caractéristiques, l'une par sa durée et l'autre par sa hauteur. Les cotes à Hanoi ont été prises sur le tableau comparatif des crues de 1913 et 1915, les volumes à enlever sont déduits du tableau des bébits à Hanoi ; l'évacuation de Sông Ca-Lô a été calculée sommairement d'après la section au pont du chemin de fer et les hauteurs progressives du plan d'inondation.

*Fonctionnement probable du réservoir de Vinh-yên.*

| DATES | COTES CALCULÉES A HANOI | DIFFÉRENCE DU NIVEAU A RACHETER | VOLUME D'EAU A ENLEVER AU FLEUVE | | VOLUME ÉVACUÉ PAR LE SONG CA-LO | | VOLUME RESTANT DANS LE RÉSERVOIR | | OBSERVATIONS |
|---|---|---|---|---|---|---|---|---|---|
| | | | par seconde | par jour | par seconde | par jour | journalier | cumulé | |
| | mètres | mètres | mètres cubes | mètres cubes | mètres cubes | mètres cubes | mètres cubes | mètres cubes | |
| CRUE DE 1913. | | | | | | | | | |
| 7 août | 10.90 | | | | | | | | |
| 8 — | 11.10 | 0.10 | 300 | 26 millions | 50 | 4 millions | 22 millions | 22 millions | |
| 9 — | 11.35 | 0.35 | 1.000 | 86 — | 100 | 9 — | 77 — | 99 — | |
| 10 — | 11.32 | 0.32 | 1.000 | 86 — | 200 | 17 — | 69 — | 168 — | |
| 11 — | 11.47 | 0.47 | 1.500 | 129 — | 300 | 26 — | 103 — | 271 — | |
| 12 — | 11.09 | 0.09 | 300 | 26 — | 300 | 26 — | 0 — | 271 — | |
| 13 — | 10.79 | » | 0 | 0 — | 300 | 26 — | 26 — | 245 — | |
| 14 — | 11.19 | 0.19 | 600 | 52 — | 300 | 26 — | 26 — | 271 — | |
| 15 — | 11.70 | 0.70 | 2.200 | 190 — | 400 | 35 — | 155 — | 426 — | |
| 16 — | 11.60 | 0.60 | 1.900 | 164 — | 500 | 52 — | 112 — | 538 — | |
| 17 — | 11.74 | 0.74 | 2.300 | 199 — | 700 | 60 — | 139 — | 677 — | |
| 18 — | 11.47 | 0.47 | 1.500 | 129 — | 700 | 60 — | 69 — | 746 — | |
| 19 — | 11.46 | 0.46 | 1.400 | 121 — | 800 | 69 — | 52 — | 798 — | |
| 20 — | 12.02 | 1.02 | 3.300 | 285 — | 900 | 78 — | 207 — | 1.005 — | Débordement du réservoir |
| 21 — | 12.26 | 1.26 | 4.200 | 364 — | 1.000 | 86 — | 278 — | 1.283 — | — |
| 22 — | 12.32 | 1.32 | 4.400 | 380 — | 1.000 | 86 — | 294 — | 1.577 — | — |
| 23 — | 11.73 | 0.73 | 2.200 | 190 — | 1.000 | 86 — | 104 — | 1.681 — | — |
| 24 — | 11.44 | 0.44 | 1.400 | 121 — | 1.000 | 86 — | 35 — | 1.668 — | — |
| 25 — | 10.95 | | | | 1.000 | 86 — | 86 — | 1.582 — | — |
| CRUE DE 1915. | | | | | | | | | |
| 9 juillet | 10.43 | | | | | | | | |
| 10 — | 11.07 | 0.07 | 200 | 17 millions | 50 | 4 millions | 13 millions | 13 millions | |
| 11 — | 12.14 | 1.14 | 3.800 | 328 — | 300 | 26 — | 302 — | 315 — | |
| 12 — | 12.92 | 1.92 | 6.800 | 587 — | 800 | 69 — | 518 — | 833 — | Débordement du réservoir |
| 13 — | 12.73 | 1.73 | 6.000 | 518 — | 1.000 | 86 — | 432 — | 1.265 — | |
| 14 — | 10.85 | | | | 1.000 | 86 — | 86 — | 1.179 — | |

L'on voit d'après ce tableau que le réservoir du Vinh-yên aurait été impuissant à maintenir la cote (11.00) à Hanoi pendant les crues de 1913 et 1915 malgré le fonctionnement idéal que nous lui avons donné et qui sera impossible à obtenir dans la pratique. Jamais, en effet, on ne pourra y introduire les 6 800 mètres cubes par seconde de la crue du 12 juillet. De même, les quantités d'eau enlevées au fleuve baissent à mesure que le niveau de l'inondation s'élève et il arrive un moment où elles compensent à peine l'évacuation du Sông Ca-lô, tandis que nous avons admis qu'elles restaient toujours proportionnelles à la hauteur des crues. Enfin, nous n'avons pas tenu compte des pluies dans les 60.000 Ha. du bassin. Dans les années pluvieuses le volume de ces pluies peut atteindre en 4 ou 5 jours 300 millions de mètres cubes qui viendront s'accumuler dans les 20.000 Ha. du réservoir et diminueront d'autant sa capacité. C'est pourquoi nous pensons que le réservoir du Vinh-yên pourra suffire en général pour maintenir la cote (11.00) à Hanoi pendant toute la durée des crues inférieures à (11.50) mais qu'il sera insuffisant pour les crues de longue durée comprise entre (11.50 et 12.00) et pour toutes les crues supérieures à (12.00).

On pourrait augmenter la capacité de ce réservoir et la porter à 1.500 millions de mètres cubes en ajoutant au casier de Vinh-yên, le casier de Yên-lang (Phuc-yên) situé en aval dans la bouche formée par la digue du Fleuve Rouge et le Sông Ca-lô. Cette augmentation rendrait quelques services pendant les crues prolongées de cote inférieure à (12.00), mais elle serait inutile pendant les crues plus élevées à moins de doubler les ouvrages d'introduction et de porter leur débit total à 6.800 mètres cubes. A cette condition, ces 2 réservoirs réunis auraient pu remédier à la crue de 1915, mais ils ont été encore suffisants en 1913 et probablement en 1893 et 1904.

Le réservoir de Vinh-yên, même augmenté de celui de Yên-lang, ne résoud donc que d'une manière incomplète le problème des crues. En supposant qu'il commence à fonctionner à temps voulu et que ce fonctionnement se fasse dans les meilleures conditions, il ne donnera toute sécurité que 9 années sur 10 environ et pour les crues inférieures à (12.00). Il restera toujours à évacuer par d'autres moyens un volume de 3.700 mètres cubes par seconde représentant la différence entre les crues de cote (12.00) et (13.00).

L'aménagement complet et définitif du réservoir de Vinh-yên avec siphons à réglage automatique d'un débit total de 3.300 mètres cubes coûtera environ 2.000.000 de piastres. Avec des déversoirs maçonnés de même débit, la dépense serait sans doute moindre, mais les dangers de rupture seraient plus grands et le réglage impossible. Quel que soit le système adopté, les résultats sont certains et ces résultats justifient la dépense.

Les déversoirs actuels du Vinh-yên n'ont pas fonctionné depuis 1905 par suite de l'opposition des habitants qui craignaient de voir leurs récoltes compromises par l'inondation. Si l'on adopte définitivement le principe d'un réservoir dans cette région, la population devra retarder la période culturale du 10e mois sur le périmètre à inonder. Les repiquages qui se font actuellement en juillet et août ne se feront plus qu'en septembre, mais la récolte est certaine et les habitants peuvent être entièrement rassurés à ce sujet. Si l'on consulte le tableau des plus fortes crues depuis 1884, on constate en effet qu'il n'y a jamais eu de crue supérieure à (11.00) après le 22 août (1913) sauf la crue du 2 septembre 1909 (11.05) qui est une exception. Pendant cette crue les déversoirs n'auraient eu d'ailleurs qu'à fonctionner pendant une heure à peine et sans aucun dommage pour les cultures. On peut donc compter que, en temps normal, les eaux auront évacué la majeure partie du casier vers le 1er septembre et que le 15 septembre les cuvettes basses seront elles-mêmes à découvert. Les repiquages suivront le retrait des eaux et seront terminés également le 15 septembre. La récolte sera un peu tardive, mais les avantages de la fertilisation compenseront largement les inconvénients de ce retard.

On construit actuellement dans le Vinh-yên un réseau d'irrigation. Les canaux coupant transversalement le casier et dominant la plaine formeront obstacle à l'évacuation des eaux. Il est à craindre que ces canaux n'aient beaucoup à souffrir au moment du retrait de l'inondation. C'est le seul inconvénient vraiment sérieux du système des réservoirs dans cette région.

10° — *Augmentation de débouché et améliorations des défluents (aménagement du Day).* — Malgré les améliorations des digues et du lit majeur, malgré les réservoirs, il restera encore un volume de 3.700 mètres cubes à enlever au fleuve pour mettre le Delta définitivement à l'abri des crues exceptionnelles de cote (12.00) à (13.00). Le seul moyen dont on dispose encore consiste à évacuer cet excédent par les défluents amont Hanoi, les défluents aval Hanoi n'exerçant aucune influence sur le niveau des crues dans le moyen Delta qu'il s'agit surtout de protéger. Les défluents amont Hanoi sont le Sông Ca-lô et le canal des Rapides sur la R. D. et le Day sur la R. G. Les deux premiers écoulent leurs eaux dans le bassin du Thai-binh ; le Day se jette directement à la mer.

*Le Sông Ca-lô* est un ancien défluent qui a été barré en 1900 à son origine pour éviter l'inondation des provinces de Vinh-yên et Phuc-yên par les crues du Fleuve Rouge et pour faciliter l'évacuation du réservoir de Vinh-yên. Si l'on adopte définitivement le principe de ce réservoir, le Sông Ca-lô doit rester barré et par conséquent il reste inutilisable comme défluent direct. Si le réservoir n'est pas admis, le Sông Ca-lô peut être ouvert et dans ce cas, il évacuerait par fortes crues 1.000 mètres cubes à la seconde. Il semble possible d'augmenter quelque peu ce débit en améliorant le lit, mais nous ne pouvons l'affirmer faute de renseignements sur le régime de cet exutoire en temps de crue.

*Le Canal des Rapides* a son origine à 4 km. en amont d'Hanoi. Il présente en ce point un étranglement volontaire destiné probablement à limiter son débit. Son cours très sinueux a une longueur de 70 km. Ses digues construites sur un mauvais terrain en terres légères sont sujettes à de fréquentes ruptures qui provoquent l'inondation des provinces de Bac-ninh, Hai-duong et Hung-yên. A la suite de quelques inondations désastreuses on se décida à fermer ce défluent. Le barrage de fermeture exécuté en 1892, fut emporté la même année par les crues et depuis lors cette question reste en suspens. Il nous paraît anormal et difficile d'augmenter la dotation d'un défluent dont la suppression a été envisagée parce qu'on le jugeait plus nuisible qu'utile et dont le débit a été volontairement limité. Cette augmentation qui ne présente guère d'intérêt que pour les digues aval Hanoi serait sans doute peu importante et coûterait assez cher, car elle comporte le renforcement général des digues et de multiples améliorations du lit majeur. C'est pourquoi nous pensons que l'aménagement de ce défluent rendrait moins de services que celui du Sông Ca-lô ou du Day, situés à la pointe extrême du moyen Delta. Toutefois, ce n'est là qu'une opinion basée sur des renseignements insuffisants ; avant de prendre une décision au sujet de cet exutoire, il serait prudent de faire une étude sérieuse de son régime en temps de crue.

*Le Day* a son origine en face de celle du Sông Ca-lô, à la pointe du moyen Delta. C'est le défluent le plus naturellement indiqué du Fleuve Rouge. Il a dû avoir autrefois une importance considérable avant la formation du banc de sable et la construction de la route Hanoi-Sontây qui obstruent son lit vers l'amont, limitant ainsi son débit. Malgré ces obstacles, c'est encore un exutoire très puissant et des plus utiles.

Son rôle est complexe ; il doit évacuer en même temps que les crues du Fleuve Rouge, les eaux venues des Monts Ba-vi (Sông-con et Sông-bui) et des massifs rocheux qui séparent son bassin de celui de la Rivière Noire (Sông Thanh-ha, Sông Hoang-long-giang). Il reçoit également les eaux des casiers endigués de Ha-dông, Binh-luc et Nam-dinh et celles du canal de Nam-dinh qui est lui-même un défluent du Fleuve Rouge. Son régime est celui d'un défluent du Fleuve Rouge. Son régime est celui d'un défluent de l'origine à Ba-tha, d'une rivière de Ba-tha à Doan-vi et d'un fleuve de Doan-vi à la mer. Ce régime est encore compliqué par certaines particularités : casiers secondaires protégés au milieu de casiers d'inondation, étranglements naturels et artificiels, digues et casiers maritimes, etc....

Ce côle et ce régime variés et multiples rendent assez délicate l'étude des améliorations du Day. Cette étude n'a jamais été entreprise jusqu'à ce jour par suite du manque de renseignements exacts. Le profil de la crue de 1915 comble en partie cette lacune. Ce travail a été fait soigneusement ; les cotes, rattachées aux repères du N. G. T. sont justes en majeure partie ; les points importants vérifiés à plusieurs reprises offrent toute garantie. On peut donc avoir une certaine confiance dans les renseignements qu'on y trouvera ; ils permettront d'arrêter, au moins dans ses grandes lignes, le programme d'aménagement définitif du Day.

Au premier coup d'œil jeté sur le profil de la crue du Day (voir profil spécial du Day et carte au 1/100.000 annexés à ce rapport) on reste frappé de son irrégularité, surtout en le comparant à celui du Fleuve Rouge qui offre cependant de sérieuses anomalies. Cet aspect tourmenté témoigne à l'avance de l'aménagement défectueux et du régime capricieux de ce défluent depuis son origine jusqu'à la mer. Pour faciliter l'étude, le profil a été divisé en 5 sections correspondant à des régimes différents. Nous étudierons successivement l'aménagement de chacune de ces sections.

*1re Section.* — Du km. 0 au km. 36. — Cette section commence au Fleuve Rouge et finit à l'extrémité amont du casier de Chuong-my. Sur ce parcours le Day complètement endigué ne reçoit que les crues du Fleuve Rouge et joue le rôle d'un simple défluent. Son profil très irrégulier démontre à lui seul que l'admission et l'évacuation des eaux se font dans les plus mauvaises conditions.

Au km. 9 + 500 on remarque d'abord une chute de 0 m. 71 due à l'obstruction du lit majeur par la route Hanoi-Son-tây qui forme barrage ne laissant aux eaux que le passage du pont de 220 mètres sur le lit mineur du Day. Le profil en travers du lit majeur en aval de la route montre l'énorme disproportion qui existe entre la section de ce lit et le débouché du pont ; cette disproportion explique l'importance de la chute qui, sans la coupure et la submersion de la route, aurait atteint 1 m. 00. Le relèvement du plan d'eau à l'amont du pont par cet étranglement présente de très graves inconvénients. Il se fait sentir bien au delà du km. 5, point de séparation des eaux du Fleuve Rouge et du Day et il en résulte qu'un très fort volume d'eau qui devrait s'écouler dans le défluent est obligé de s'évacuer par la voie du fleuve. Il est certain que si l'on supprimait l'obstacle de la route, on augmenterait le débit du Day, dans des proportions considérables. Cette suppression est possible tout en conservant la route ; il n'y a pour cela qu'à l'abaisser au niveau du terrain en aménageant des déversoirs dans les parties basses et des rampes d'accès aux digues et au pont. La circulation ne serait interrompue que pendant les crues supérieures à (8 m.00) à Hanoi, soit pendant 2 mois environ. Un bac assurerait le transbordement pendant cette période. L'augmentation de débit résultant de cette suppression abaisserait le niveau des eaux en amont et le relèverait en aval d'une quantité légèrement plus forte. On aurait à peu près les cotes suivantes :

| | | | | |
|---|---|---|---|---|
| Km. 0. | —Origine du Day. | — Cote probable | =(13.60) | Pente moyenne = 0.08 par km. |
| Km. 5. | —Séparation des eaux. — | — | =(13.20) | |
| Km. 9 + 500. | —Route | — — | =(12.80) | |
| Km. 20. | —Changement de pente. — | — | =(12.00) | |

Connaissant la cote du plan d'eau à la route et la pente, il est facile de calculer le débit d'après la formule du Mississipi ($U = 8.30 \sqrt{R} \sqrt[4]{i}$ on obtient les résultats suivants :

| | SURFACE MOUILLÉE | PÉRIMÈTRE MOUILLÉ | R | $\sqrt{R}$ | $\sqrt[4]{i}$ | U (Vitesse) | Q (Débit) | OBSERVATIONS |
|---|---|---|---|---|---|---|---|---|
| | mètres carrés | mètres linéaires | | | | | mètres cubes | |
| Secteur R. G. Day. | 2.700 | 1.300 | 2.08 | 1.44 | 0.094 | 1.12 | 3.020 | |
| Pont du Day. . . . | 1.120 | 240 | 4.67 | 2.16 | — | 1.79 | 2.000 | |
| Secteur R. D. Day . | 3.650 | 1.650 | 2.21 | 1.49 | — | 1.16 | 4.230 | |
| Débit du Day en s'abaissant la route de Son-tây. . . . . | | | | | | | 9.250 | |

Le débit actuel peut être déduit du débouché du pont et de la hauteur de chute, à l'aide de la formule des remous de Navier.

$$Z = \frac{Q^2}{2\,g\;m^2\;S^2} - \frac{V^2}{2g}$$

En faisant $M = 0.90$, $S = 1.200\ m^2$, $V = 1.50$ et $Z = 0.70$ on obtient pour le débit du pont en 1915 . . . . . . . . . . . . $= 4.320^{m3}$

A ce débit il faut ajouter celui de la coupure qu'on peut évaluer à $= 680$

Débit actuel du Day. . . . . . $= 5.000^{m3}$

Le débit supplémentaire du Day par suite de l'abaissement de la route serait donc de $9.250^{m3} - 5.000^{m3} = 4.250^{m3}$. Ce chiffre est supérieur à celui de 3.700 mètres cubes qui reste à enlever au fleuve après l'aménagement des réservoirs. Le problème des crues se trouveraient donc complètement résolu par cette augmentation de dotation du Day.

Cette augmentation est-elle possible avec le banc de sable qui obstrue le lit majeur et mineur du Day à l'origine ? Pour répondre avec toute certitude il faudrait avoir en mains les profils de cette section. A défaut de ces profils, la carte au 1/25.000 peut fournir quelques renseignements. Le débit supplémentaire sera prélevé sur la tranche supérieure des fortes crues dont le niveau moyen d'après la carte est de 2 mètres au moins plus élevé que celui des terrains. Si l'on donne à la section d'écoulement une largeur suffisante pour que avec cette hauteur de 2 mètres et une pente de 0 m. 08 par km. elle soit capable du débit demandé, l'augmentation est possible. Or en supprimant le casier intérieur de Dan-phuong, on voit que la largeur moyenne du lit majeur du Day en amont du pont est supérieure à 5 km., ce qui donne une section de 10.000 mètres carrés, une vitesse de 1 m. 10 et un débit de 11.000 mètres cubes bien supérieur à celui de 9.250 mètres cubes trouvés ci-dessus.

Il faut compter en outre que les augmentations de pente, de vitesse et de débit, consécutives à l'abaissement de la route, modifieront profondément l'aspect du banc de sable. Les eaux ne trouvant plus d'obstacles en aval, se créeront un passage forcé et il sera facile de les aider en cela par des digues et des épis convenablement placés.

Quant à la suppression ou à la réduction du casier intérieur de Dan-phuong, ils ne présentent aucun inconvénient sérieux. L'utilité de ce casier de création toute récente (1912-1915) est très discutable ; certains habitants y sont même opposés. En fait, il ne rend quelques services que pour les faibles crues, car il est régulièrement inondé aux fortes crues dont il gêne simplement l'évacuation.

Il s'agit de savoir maintenant s'il est possible, grâce aux certaines améliorations du lit du Day, d'évacuer à la mer ce supplément de débit sans mettre en péril les casiers riverains et sans dépenses exagérées. Nous adopterons le chiffre de *3.700* m3, comme valeur de ce supplément, soit une dotation totale de *8.700* m3 lors des crues de cote (13.00). Pour résoudre ce problème, il faut déterminer le profil correspondant à ce débit d'après le profil et le débit de la crue de 1915 en tenant compte de la configuration et du régime caractéristique de chaque section et en supposant réalisées toutes les améliorations des lits majeur et mineur du Day.

Dans la première section entre les km. 27 et 37 on trouve deux chutes de o m.56 et de 1 m. 24 : la première due à un étranglement du lit par la digue du casier intérieur de Tinh-phong au droit de Lai-du ; la seconde à la route Hanoi-Hoa-binh qui forme barrage ne laissant aux eaux que l'étroit passage du bac de Mai-linh. Ces deux obstacles sont faciles à supprimer : le casier de Tinh-phong est occupé en majeure partie par des lacs et marécages qui ont tout à gagner au colmatage et la route de Hoa-binh n'est plus utilisée. Elle a été déviée un peu en aval et établie en déversoir ; l'ancienne plateforme, coupée déjà en plusieurs points, peut être arrasée sans inconvénients. Ces améliorations changeront complètement le profil des crues. La largeur de la section ainsi rectifiée étant à peu près uniforme, les irrégularités du profil disparaîtront et la pente deviendra régulière. Cette pente est de o m. 11 par km. Etant donnée cette pente et la largeur moyenne de la section (3 km. 500) on peut évaluer à o m. 55 environ la surélévation de niveau des 3.700 mètres cubes de débit supplémentaire (A Hanoi avec une largeur de 1.800 mètres et une pente de o m. 076, cette surélévation est de 1 m. 00). On obtient ainsi la cote (12 m. 00) au km. 20 et (10 m. 35) au km. 35.

Entre les km. 35 et 36 on aura une légère chute de o m.35 due à la transition de la section endiguée d'amont à la section partiellement endiguée d'aval, soit la cote (10.00) au km. 36.

*2e Section.* — Du km. 36 au km. 62 + 100. — Dans cette section le Day n'est réellement endigué que sur la rive gauche La digue de R. D. est de section insuffisante et construite avec des terres de mauvaise qualité, présente de nombreuses coupures qui, depuis la crue de 1911, n'ont jamais été refermées. Les eaux depuis cette époque se répandent librement dans tout le casier de Chuong-my à l'exception des deux petits casiers secondaires de Quan-coc et Vu-lac où les digues ont mieux résisté. Les habitants de Chuong-my sont en général favorables à cet état de choses ; ils estiment que les avantages de l'inondation sont supérieurs à ses inconvénients et demandent la suppression complète des digues du Day qui implique celle des digues du Sông Bui, gênantes pour l'évacuation des eaux. Ces dernières digues, d'ailleurs sommaires, n'ont aucune utilité, le casier de My-duc situé en aval étant régulièrement inondé. Toutes ces digues supprimées, le lit majeur du Day s'étendra jusqu'aux montagnes avec une largeur moyenne de 10 km. et la surélevation de supplément de débit sera insignifiante. Nous admettrons qu'elle atteigne o m.50, ce qui est un maximum. On aura ainsi à Ba-tha la cote (7.66), ce qui donne pour la section une pente moyenne de o m. 09 par km., pente qu'il est facile de rendre régulière s'il est nécessaire en supprimant les digues des casiers secondaires de Quan-coc et Vu-lao.

3e *Section.* — Entre les km. 36 + 100 et 105 + 200 — Dans cette section, comme dans la précédente, le Day n'est réellement endigué que sur la R. G. La digue R. D. n'existe que par tronçon et depuis très longtemps l'on a renoncé à protéger le casier de My-duc contre les crues. Le milieu de ce casier est très bas, du Sông Bui au Sông Thanh-ba on trouve une suite de marécages qui forment un large thalweg par lequel s'évacuent les eaux de débordement du Sông Bui et les eaux du Day refoulées dans le Sông Bui. Le lit majeur du Day s'étend par conséquent jusqu'aux montagnes sur une largeur moyenne de 5 kilomètres. La surélevation sera de o m. 50 environ.

Entre les km. 67 et 71 on remarque sur le profil une chute légère due à l'étranglement du lit majeur par la boucle de la digue R. G. du Day à Vinh-lôc, boucle qu'il est facile de supprimer ou de réduire s'il est nécessaire.

Du km. 75 au km 95, bief de pente très faible (o m. 015 par km.) suivi d'une chute de *2 m. 19* entre les km. 95 et 105. Cette grave anomalie provient de *l'étranglement très prononcé de Hoi-trung.* — En ce point, le Day coule en entier entre deux massifs rocheux distants de 150 mètres à peine alors qu'en amont le lit majeur mesure 5 kilomètres de largeur. Il est possible de remédier à cet étranglement en dérivant une partie des eaux au Nord du massif rocheux de Phu-du. Pour cela, il n'y a qu'à supprimer la section de digue qui va de Ngoai-do à la pointe du massif et construire une nouvelle digue passant au Nord de Quan-thua, au Sud de Thuy-son et rejoignant la digue du Day en amont du marché de Hoi-trung. Cette section supplémentaire aurait 1 km. environ de largeur, 3 mètres de hauteur et une très forte pente (1 m. 00 sur 4 km.) on peut estimer son débit à 4. 000 m3 au minimum. La hauteur de retenue pour les crues telles que 1915 sera réduite de 1 m. 00 au moins et cette réduction compensera largement la surélevation du supplément de débit. On obtient ainsi les cotes respectives (5.00) et (6.00) au km. 96, origine de la chute. Au km. 105, fin de la chute, la cote de la crue du 14 juillet 1915 ne change pas (4.00). Quant à la cote de surélevation elle est sûrement inférieure à celle du 3 août en ce point (5.25). Le débit à cette date dans le bief de Phu-ly comprenait à la fois le volume du Day lui-même pour une crue de (10.55) au pont du Day (3.500 m3) et le déversement total des eaux de la rupture de Liện-mac le 2 août (5.500 m3) soit un débit total de 9.000 m3 supérieur aux 8.700 m3 prévus. La cote de surélevation sera donc de 5 m. 00 environ au bas de la chute.

4e *Section*. — Du km. 105 + 200 au km. 149 + 500. — Dans cette section le Day est endigué sur la R. G. seulement. Sur la R. D. les eaux s'étalent librement jusqu'aux massifs rocheux de Coc-thôn. Le profil comporte un bief de 34 km. (bief de Phu-ly) suivi d'une chute qui a atteint le 18 juillet une hauteur extraordinaire de 2 m. 50. Cette anomalie, encore plus grave que celle de Hoi-trung, provient de *l'étranglement de Doan-vi* où le Day coule dans une gorge rocheuse de 95 mètres à peine de largeur. Parallèlement à cette gorge, entre le rocher et la digue R. G on trouve bien un canal de décharge, mais il est d'une section trop réduite pour atténuer l'effet de l'étranglement. Il est étonnant que l'on n'ait pas encore supprimé cet obstacle qui a causé cependant beaucoup de désastres, car on peut lui attribuer les 9/10e des ruptures qui surviennent dans la province de Phu-ly, sur les digues du Day ou du canal. Cette amélioration est cependant facile à réaliser. Il n'y a qu'à reporter en arrière, la digue R. G. du Day de façon à avoir une section d'écoulement suffisante. Cette nouvelle digue aurait son origine entre Dông-xuyên et Co-dong et à partir de ce village suivrait jusqu'au Day la berge R. D. du ruisseau de Kinh-thanh. Sa longueur serait à peine de 2 km. 500. La section supplémentaire au droit de l'étranglement mesurerait 1 km. de largeur environ avec une hauteur moyenne de 2 m.50 et une pente supérieure à 0 m.20 par km. Son débit peut être évalué à 4.000 mètres cubes. Cet élargissement diminuerait de 1 m. 00 au moins le niveau de retenue en amont pour toutes les crues ; au km. 139 les cotes seraient abaissées respectivement à (2.60) et (4.00).

La suppression de l'étranglement de Doan-vi implique nécessairement la suppression ou du moins la réduction du casier intérieur de Ke-so. La digue qui protège ce casier étrangle le Day en de nombreux points (étranglements de Ke-so, Dông-thiên, Tu-hoa, Nam-kinh — Dai-bai). Dans l'état actuel l'effet de ces étranglements se confond avec celui de l'étranglement de Doan-vi. Il en serait tout autrement si ce dernier n'existait pas ; la chute de Doan-vi se trouverait alors reportée en amont et irait en s'étageant depuis Dai-bai jusqu'à Ke-so ; le niveau dans le bief supérieur de Phu-ly ne se ressentirait nullement de l'élargissement de Doan-vi et resterait toujours très élevé. On se trouve donc dans l'absolue nécessité de reculer la digue secondaire du Day, tôt ou tard, il faudra s'y résoudre. Cette amélioration d'intérêt général se heurtera à l'opposition de la population, qui forme une importante chrétienté dont Ke-so est le centre. Il est certain que quelques villages seront lésés, mais les avantages compenseront en partie les inconvénients dans l'ensemble du casier, lequel est d'ailleurs fréquemment inondé. Dans les études définitives il sera tenu compte des desiderata des habitants et l'on s'efforcera de concilier autant que possible les mesures d'intérêt général avec les intérêts locaux.

5e *Section.* — Du km. 149 + 500 au km. 224 + 600 (mer). — Dans cette section le Day n'est régulièrement endigué que sur la R. G. Sur la R. D. les eaux s'étendent librement jusqu'aux montagnes et recouvrent tout le pays à l'exception de quelques casiers (casiers de Kim-son et Phat-diêm) qui sont protégés par des réseaux de digues particuliers. L'influence des marées se fait sentir dans toute l'étendue de la section, mais lors des fortes crues cette influence devient très faible à l'amont de Ninh-binh par suite de la largeur réduite de la section de refoulement (Pont du Day) comparée à la largeur des zônes inondées. Entre Doan-vi et la mer le Day reçoit deux affluents importants : Sông Hoang-long-giang qui lui apporte les eaux des régions de Chi né et de Phu-nho-quan et le canal de Nam-dinh, défluent de Fleuve Rouge.

En 1915 toutes eaux des ruptures de Liên-mac et Xam-thi sont venues se déverser dans le Day, celles de Liên-mac dans le bief de Phu-ly et celles de Xam-thi dans le bief de Doan-vi, canal de Nam-dinh. Cet afflux a atteint son maximum le 5 août. Il a déterminé une surélevation extraordinaire du niveau du Day à cette date, surélevation d'autant plus remarquable qu'elle correspond à une marée moyenne du 27 décembre seulement. Le débit du Day au droit du canal de Nam-dinh a dû atteindre à un moment donné 16.000 m3 par seconde ; ce chiffre explique le niveau anormal de la crue en aval de Ninh-binh.

En amont de Ninh-binh, on peut évaluer comme suit le débit des diverses crues :

| | DÉBIT NORMAL DU DAY | DÉBIT PROVENANT DE LA RUPTURE DE LIÊN-MAC | DÉBIT PROVENANT DE LA RUPTURE DE XAM-THI | DÉBIT DES AFFLUENTS | DÉBIT TOTAL |
|---|---|---|---|---|---|
| Crue du 16 juillet. . . . | 5.000m3 | » | » | 100m3 | 5.100m3 |
| Crue du 18-21 juillet. . . | 3.500 | 6.000 | » | 300 | 9.700 |
| Crue du 5 août. . . . . | 3.500 | 5.500 | 2.000 | 500 | 11.500 |
| Débit avec la dotation supplémentaire. . . . . . . | 8.700 | » | » | 500 | 9.200 |

Le débit du Day avec sa dotation supplémentaire est donc inférieur de 2.300 m3 à celui de la crue du 5 août et de 500 m3 à la crue du 21 juillet. En admettant que cette dernière différence de débit soit compensée par une différence de marées, la cote probable au bas de la chute de Doan-vinh (km. 149+500) serait égale à celle du 18 juillet (3.00).

Le bief qui existe entre Doan-vi et Ninh-binh est dû à l'obstacle apporté à l'écoulement des eaux par la ligne de chemin de fer dont les ouvrages possèdent des débouchés insuffisants. Il est possible de remédier à cet inconvénient en aménageant en déversoir à la cote (2.00) environ, la section de ligne comprise entre les km. 114 + 500 et 117. On abaisserait ainsi le niveau à Ninh-binh de o m.3o au moins, ce qui donne au pont de Ninh-Binh les cotes suivantes (2.5o) en amont et (2.2o) en aval.

En aval de Ninh-binh l'évacuation des eaux devra être également améliorée. Cette amélioration pourra se faire en supprimant toutes les digues *inutiles* et, au besoin, en ouvrant un canal endigué, à large section, dans l'étroite bande de terrain de 6oo mètres qui sépare le Day du Sông Ninh-co. Nous admettrons que, malgré ces améliorations, la pente reste la même que celle du 21 juillet ; la cote au canal de Nam-dinh serait d'après cela égale à (1.8o). En aval du canal de Nam-dinh la pente dépendra davantage de l'amplitude des marées que du débit et il est impossible de déterminer les cotes probables en un point donné. Pour de plus amples renseignements sur les améliorations à apporter à l'évacuation des eaux dans les casiers de Ninh-binh, consulter le rapport de M. TACHET.

Nous avons indiqué sur le profil par un trait souligné d'un liseré rose, le niveau probable du Day avec sa dotation de 8.7oo m3, tel que nous venons de le déterminer, en supposant réalisées toutes les améliorations proposées. Le seul examen du profil prouve que ces améliorations compensent largement l'augmentation de débit. Les quelques surélevations au-dessus du niveau des crues de 1915 sont peu importantes ; leur hauteur ne dépasse guère o m. 5o. Par contre les abaissements sont de plus sérieux surtout dans les biefs de Ngoai-do et de Phu-ly ; ils auront partout les plus heureuses conséquences (sécurité des digues et facilités d'assèchement des casiers riverains protégés, baisse du plan d'inondation et d'évacuation rapide des eaux dans les casiers régulièrement inondés). Toutes les améliorations proposées sont possibles ; les casiers intérieurs ou secondaires à supprimer, mal protégés et fréquemment inondés, sont peu importants, à l'exception du casier de Ke-so ; quant aux casiers régulièrement inondés leur situation sera meilleure en général qu'elle ne l'est actuellement. Ces améliorations seront en outre d'une exécution facile (arrasements ou déplacements de digues). Les dépenses ne seront pas très élevées : nous les évaluons à 2.000.000 de piastres au maximum y compris toutes indemnités. Rien ne s'oppose, par conséquent, à l'adoption du programme d'aménagement définitif du Day dont nous venons de donner un aperçu d'ensemble. *Cet aménagement permettra de résoudre intégralement le problème des crues, grâce à l'évacuation directe à la mer des 3.700* m3 ***restant à enlever au Fleuve Rouge après la mise en application de tous les autres systèmes.*** Cette évacuation d'un caractère permanent limitera l'emploi des réservoirs qui n'auront à fonctionner que bien rarement et pendant de courtes périodes, elle régularisera en même temps le régime des crues du Fleuve Rouge.

11o — *Améliorations agricoles par utilisation des eaux de crue du Fleuve Rouge.* — Les habitants du haut et moyen Delta sont à peu près unanimes à réclamer la submersion de leurs terrains par les eaux du Fleuve Rouge, pendant la période des fortes crues, afin de bénéficier régulièrement de la fertilisation et de parer aux sécheresses qui règnent souvent dans le Delta alors que le fleuve est en crue. Ils consentiraient à supporter tous les ennuis de l'inondation à condition que l'on règle l'admission et l'évacuation des eaux de telle façon que leurs terrains soient dégagés à temps pour les repiquages de la récolte du 10e mois, c'est-à-dire vers le 1er septembre. Cette amélioration dont les avantages sont indiscutables peut être réalisée facilement dans la majeure partie des casiers bordant le fleuve, grâce à la configuration et au régime hydrographique de ces casiers. Sur la R. G. (casiers de Phuc-yên, Bac-ninh et Hung-yên) les eaux s'évacueraient rapidement dans le bassin du Thai-binh dont le niveau est en général bien plus bas que celui du Fleuve Rouge. Sur la R. D., l'évacuation se ferait par le Day et elle serait facilitée par l'abaissement du niveau moyen de cette rivière après son aménagement définitif. Cette submersion devient possible dès que le niveau des crues dépasse la cote (7.00) à Hanoi c'est-à-dire qu'on pourrait la pratiquer régulièrement pendant les mois de juillet et août et parfois à partir du 15 juin. Les ouvrages d'admission consisteraient en des écluses à grand débit avec vantaux et poutrelles de sûreté ou mieux en des siphons disposés en batterie et réglables à volonté. Les ouvrages d'évacuation seraient des écluses à fermeture automatique. Ces ouvrages seront assez coûteux à établir, mais il en résultera sans doute une augmentation de la richesse générale suffisante pour justifier ces sacrifices.

Le colmatage représente également une amélioration agricole par utilisation des eaux de crues. Malheureusement les colmatages sont très coûteux ; ils ne peuvent être employés avec quelques chances de succès que dans de rares cuvettes à cotes très basses et placées dans des conditions favorables. On trouverait peut-être dans la partie inférieure du casier de Ha-dong quelques cuvettes de ce genre où il y aurait intérêt à procéder au colmatage ; une enquête auprès des populations intéressées fixerait définitivement l'opinion à ce sujet.

L'utilisation des eaux pour la submersion et le colmatage des casiers enlèvera au fleuve, en temps de crue, un volume d'eau assez important ; mais comme ce facteur n'a pas une valeur constante il semble préférable de ne pas en tenir compte dans l'étude du problème des crues.

Il ressort de cette *étude sommaire* que l'on pourrait, dans la limite des ressources budgétaires du Tonkin, aménager les eaux du Fleuve Rouge de façon à mettre définitivement le Delta à l'abri des crues exceptionnelles de cotes égales ou inférieures à (13.00). Il faudra pour cela recourir à la fois à toutes les améliorations et à tous les systèmes pratiques d'évacuation dont on dispose, mais le résultat est à peu près certain d'avance. Quant au remède unique, absolu, solution idéale de la question des eaux au Tonkin, il n'existe pas ; c'est une utopie dangereuse ou irréalisable.

Les dépenses occasionnées par cet aménagement définitif se totalisent comme suit, d'après les évaluations ci-dessus, évaluations approximatives données simplement à titre d'indication générale :

| | |
|---|---|
| 1° — Renforcement immédiat des digues . . . . . . . . | 2.000.000 $ 00 |
| 2° — Amélioration du lit majeur du Fleuve Rouge . . . | 1.500.000 00 |
| 3° — Travaux urgents de fixation du lit mineur du Fleuve Rouge | 500.000 00 |
| 4° — Aménagement complet du réservoir de Vinh-yên avec siphons. . . . . . . . . . . . . . . . | 2.000.000 00 |
| 5° — Aménagement définitif du Day . . . . . . . . . . | 2.000.000 00 |
| 6° — Améliorations agricoles par utilisation des eaux de crue. | mémoire |
| Total. . . . . . . . | 8.000.000 $ 00 |

Les dommages, chaque année plus graves, causés au Domaine public par les inondations (1.200.000 $ 00 en 1915) et les ennuis de toutes sortes qui en résultent pour la population, exigent de la part de la colonie ce sacrifice pécuniaire dont les intérêts seront d'ailleurs largement couverts par les économies réalisées sur le chapitre des « Crues et inondations ».

## CHAPITRE V

### RÉCAPITULATION GÉNÉRALE — CONCLUSIONS D'ENSEMBLE.

### Récapitulation générale.

Pour éviter des recherches fastidieuses dans ce long rapport, encombré de détails techniques et de calculs, nous en résumons ci-dessous les résultats caractéristiques et essentiels.

| | | | | |
|---|---|---|---|---|
| Le Fleuve Rouge et son Delta (aperçu d'ensemble). | Longueur du Fleuve Rouge de sa source à la mer. . . | | 1.300km | (approximatif) |
| | Bassin — Amont Viétri. . . . . . | | 120.000km² | — |
| | Longueur du Delta du Fleuve Rouge de Viétri à la mer. . | | 160km | — |
| | Superficie — . . | | 10.000km² | — |
| | Digues principales du Delta du Fleuve Rouge . . | Longueur. . . . . . | 2.000km | — |
| | | Cote moyenne. . . . . | (11.20) à Hanoi. | |
| | | Cote de sécurité absolue . | (10.70) à Hanoi. | |
| | Régime moyen des basses eaux . . . . . . | Plus basses eaux à Hanoi . | (1.74) 1905. | |
| | | Etiage moyen à Hanoi . . | (2.50). | |
| | | Débit à Son-tây à l'étiage moyen . . . . . . | 800 m³. | |
| | Régime moyen des crues. | Cote des crues moyennes à Hanoi . . . . . . | (10.00). | |
| | | Débit des crues moyennes à Son-tây. . . . . . | 18.000 m³ par seconde. | |
| | | Débit des crues moyennes à Hanoi . . . . . . | 13.000 | — |
| | Apports annuels du fleuve à la mer . . . . . | Sables : 80 millions de m. c. / Alluvions : — . | 160 millions de m.c. | |

**Les crues du Fleuve Rouge en 1915.**

- **Crue du 12 juillet 1915.**
  - Cote observée à Hanoi . . (11.64) } Cote calculée à Hanoi . . (12.92) } Différence := 1m28 due aux ruptures.
  - Débit observé à Hanoi . . 18.000m3 } Débit calculé à Hanoi . . 23.000 } Différence: 5.000m3 évacués par les ruptures.
  - Débit calculé à Son-tây. . 35.000: Débit total de la crue
- **Crue du 2 août 1915**
  - Cote observée à Hanoi. . (8.98) } Cote calculée à Hanoi . . (11.71) } Différence : 1.73 due aux ruptures
  - Débit observé à Hanoi . . 10.000m3 } Débit calculé à Hanoi . . 18.400 } Différence : 8.400m3 évacués par les ruptures.
  - Débit calculé à Son-tây. . 27.400: Débit total de la crue
- **Durée des deux crues.** . 28 jours au-dessus de la cote (10.00) à Hanoi (sans les ruptures).

**Les inondations du Tonkin en 1915.**

- **Les ruptures de digue.**
  - Cote à Hanoi au moment de la 1re rupture (Dông-viên), 11.34.
  - Nombre de ruptures: Amont Viétri . . . 27; Aval Viétri . . . 21 } 48 ruptures.
  - Largeur totale des ruptures: Amont Viétri . . . 1.220 m.; Aval Viétri. . . . 2.960 } 4.180 m. largeur totale.
  - Débit des ruptures: Amont Hanoi . . . 12.000m3; Aval Hanoi. . . . 6.000 } 18.000m3 par seconde.
- **Périmètres inondés.**
  - Casiers qui ont fait la récolte du 10e mois . . . . . . . . . . 144.000 h.
  - Casiers qui n'ont pas fait la récolte du 10e mois . . . . . . 221.000
  - } 365.000 h.
- **Inondation des casiers de Hadông, Binh-luc, Nam-dinh et Ninh-binh.**
  - Superficies inondées: Casier de Ha-dông . 103.000 h.; — Binh-luc . 37.000; — Nam-dinh . 26.000; — Ninh-Binh . 55 000 } 221.000 h.
  - Largeur des ruptures: 3 ruptures de Xam-thi. . 870 m.; 1 rupture à Liên-mac. . 550
  - Débit des ruptures: Ruptures de Xam-thi. 14 milliards m3; — Liên-mac. 26 — } 40 milliards de m. c.
  - Marche de l'inondation:

| | | | |
|---|---|---|---|
| Fleuve Rouge . . . | 11 juillet | 2 août | 14 octobre |
| Casier de Ha-dông. . | 18 — | 3 — | 20 — |
| Binh-luc et Nam-dinh . | 20 — | 4 — | 23 — |
| Ninh-binh . . . . | 22 — | 5 — | 24 — |

  - Hauteurs moyennes d'inondation:
    - Casier de Ha-dông partie Nord . . . 2 m.00
    - — partie Sud . . . 4 00
    - Casiers de Binh-luc et Nam-dinh . . 2 00 à 2 m.50
    - Casiers de Ninh-binh . . . . . . 1 50 à 2.00
  - Colmatages:
    - Liên-mac: Sables . 16.950.000m3; Alluvions 26.280.000 } 43.230.000 m3
    - Xam-thi.: Sables . 5.856 000m3; Alluvions 16.642.100 } 22.498.100
    - Totaux . . . . . . . 65.728.100m3
- **Pertes et bénéfices de l'Inondation.**
  - Population: Pertes. . 5.500.000 $00; Bénéfices. 8.352.000 00 } Différence : 2.852.000 $00 en bénéfice.
  - Domaine public: Pertes. . 1.200.000 00; Bénéfices. 0.000.000 00 } Différence : 1.200.000 $ en perte.

**Aménagement définitif des eaux dans le Delta du Fleuve Rouge**

- Améliorations inutiles ou irréalisables. . . .
  - Reboisement des hautes régions.
  - Réservoirs d'emmagasinement dans les hautes régions.
  - Evacuation des crues de la Rivière Noire dans le Sông-ma.
  - Exhaussement des digues au niveau des plus fortes crues.
  - Suppression des digues et colmatages.
  - Arrasement des digues.
- Améliorations utiles et réalisables . . . . .
  - Renforcement des digues pour porter la cote de sécurité absolue de (10.70) à (11.00).
  - Améliorations du lit majeur du Fleuve Rouge.
  - Fixation du lit mineur du Fleuve Rouge.
  - Réservoirs du Vinh-yên.
  - Aménagement du Day.
  - Améliorations agricoles par utilisation des eaux de crue.
- Total des dépenses d'aménagement définitif des eaux 8.000.000$ 00
  - Dépenses moyennes annuelles de réparations des dégâts des crues et inondations.
  - Intérêt du capital engagé.

## Conclusions d'ensemble.

Les inondations du Tonkin en 1915 ont été occasionnées par deux crues violentes et successives du Fleuve Rouge ; l'une du 12 juillet avec une cote exceptionnelle de (12.92) et l'autre du 2 août avec une cote très forte de (11.71). Les digues actuelles faites pour résister à des crues de (10.70) seulement, sont en outre submergées dès que le niveau des eaux dépasse (11.20). Les déversoirs du Vinh-yên, en plein fonctionnement, ne pouvaient compenser que la moitié de ces différences et leur ouverture, dès le début même de la crue, n'aurait pas préservé les autres régions du Delta. Les inondations étaient donc inévitables quoi qu'on fasse et l'on a dû se borner à limiter leurs dégâts.

Ces inondations n'ont pris un caractère réellement désastreux que sur la R. D. du Fleuve Rouge ; partout ailleurs elles ont été plus bienfaisantes que nuisibles pour la population. La gravité de la situation des casiers R. D. provient surtout de la hauteur et de la durée excessive de l'inondation. La hauteur aurait sans doute pu être sérieusement réduite sur le casier très éprouvé de Ha-dông, en ouvrant de nombreuses et larges brèches dans les digues du canal de Phu-ly qui formaient une retenue de plus de 2 mètres. Mais pour que cette mesure produise tous ses effets, il fallait qu'elle suive immédiatement les ruptures, ce qui était impossible sans sacrifier à la légère les casiers de Binh-luc et Nam-dinh qui n'étaient pas encore menacés et que l'on avait, au contraire, le devoir de préserver jusqu'au bout. Quand ces casiers ont été inondés à leur tour, il était trop tard pour agir, les eaux dans Ha-dông ayant déjà atteint leur niveau le plus élevé. Quant à la durée de l'inondation tout a été fait pour la réduire à son minimum et ces efforts auraient été couronnés de succès sans la fâcheuse crue du 12 octobre qui a compromis de nouveau la situation et cette fois d'une façon irrémédiable.

Malgré la hauteur excessive des eaux et la violence des courants le nombre des victimes a été peu important. Il n'y a eu, en réalité, que 200 noyés, dont les 4/5 par imprudence. Les bruits sinistres répandus, partois avec malveillance dans le public, n'étaient donc nullement fondés.

Les pertes causées à la population quoique sérieuses (5.500.000 $ 00) sont également moins élevées qu'on n'aurait pu le supposer d'après l'étendue des inondations. Cela tient à la faible proportion des terrains qui ont perdu réellement la récolte du 10e mois = 78.000 Ha. seulement sur les 350.000 Ha. inondés. Ces pertes sont largement compensées par les bénéfices (8.352.000 $ 00) que les habitants sont appelés à retirer de la fertilisation de leurs terrains par les limons du Fleuve Rouge.

Les pertes causées au Domaine public sont relativement fortes (1.200.000$00) et n'admettent aucune compensation. Ces pertes vont en augmentant d'année en année à mesure que le pays se développe et c'est cette progression ruineuse pour les budgets, jointe au souci de la sécurité publique, qui impose à l'Administration le devoir de mettre définitivement le Delta à l'abri des inondations. C'est une question vitable pour le Tonkin.

Ce problème n'est pas très facile à résoudre d'une manière absolue. Par suite de l'endiguement, les crues atteignent dans le Delta des hauteurs exagérées qui dépassent à Hanoi 11 mètres au-dessus de l'étiage des basses eaux. Ce chiffre est tout à fait anormal pour un point situé en plein delta, 160 km. à peine de la mer. Il n'y a aucun espoir de voir s'améliorer cet état de choses. Le niveau moyen des crues s'exhausse, en effet, lentement et régulièrement sous l'influence du déboisement des Hautes Régions, du colmatage des lits majeurs et de l'allongement du Delta. Cet exhaussement est inévitable mais ses dangers sont si lointains qu'il est inutile de songer à s'en défendre dès maintenant ; ce sera l'œuvre des générations futures. Le problème, tel qu'il se présente actuellement, est déjà assez complexe. Parmi les solutions proposées, certaines sont de pures utopies (réservoirs des Hautes Régions, dérivation partielle des crues de la Rivière Noire dans le Song Ma) ; d'autres telles que l'exhaussement, l'arrasement ou la suppression des digues sont dangereuses ou inutiles. Les digues sont un mal nécessaire ; il est trop tard aujourd'hui pour y porter remède. Le principe de la « Conservation des digues » représente donc le point de départ de toutes études. Ce principe admis, le problème se simplifie et les solutions s'imposent d'elles-mêmes. Elles consistent :

1° — A porter à son maximum la capacité du fleuve en surélevant à (11.00) la cote de sécurité absolue. Ce résultat peut être obtenu en poursuivant simplement l'exécution du programme de renforcement de digues en cours. Nous avons adopté la cote (11.00) comme limite de surélevation, car au-dessus de ce chiffre les dépenses augmenteraient très rapidement ainsi que les chances et les dangers de rupture ;

2° — A enlever au fleuve, le plus en amont possible dans le Delta, un volume d'eau suffisant pour maintenir la cote (11.00) à Hanoi par les plus fortes crues. Le volume maximum à dériver représente la différence de débit à Hanoi des crues cote (11.00) aux crues exceptionnelles de cote (13.00), soit 7.000 $m^3$ par seconde. On y arrivera en aménageant à la fois le *Réservoir de Vinh-yên* et le *Day* ; le premier avec une dotation de 3.300 $m^3$ et le second avec 3.700 $m^3$.

Ces améliorations sont réalisables et dans un délai aussi court qu'on le voudra. Sauf dans les rares cas d'accidents imprévus et inévitables elles mettront virtuellement le Delta à l'abri des crues exceptionnelles de cote (13.00) les plus fortes que l'on ait encore observées depuis 1884. Les crues supérieures à (13.00) ne se produisent qu'une ou deux fois par siècle et représentent des cataclysmes contre lesquels il n'y a pas à lutter au Tonkin comme partout ailleurs. Des dépenses d'exécution (8.000.000 $ 00) restent dans la limite des ressources budgétaires et les économies réalisées chaque année sur les divers bubgets au chapitre des « Crues et Inondations » couvriront certainement les intérêts du capital engagé.

Les inondations ne sont pas toujours néfastes ; quand elles ne se prolongent pas au delà du 1er-15 septembre, période des repiquages de la récolte du 10e mois ; elles sont même très avantageuses pour la population par suite du colmatage et de la fertilisation du sol. C'est pourquoi les habitants consentiraient volontiers à supporter tous les ennuis de l'inondation à condition que l'on règle suivant leurs désirs l'admission et l'évacuation des eaux. Il y aurait sans doute intérêt pour la colonie à réaliser, partout où elles sont possibles, ces améliorations agricoles et à utiliser ainsi le pouvoir fertilisant des eaux de crues qui fait depuis tant de siècles la richesse de l'Egypte et qui pourrait faire également celle du Tonkin.

Telles sont les conclusions qui se dégagent de l'étude des « Crues et Inondations de 1915 ». Ces conclusions ne doivent pas être prises dans un sens absolu et demandent à être confirmées par des études plus complètes et détaillées. Elles pourront néanmoins servir d'indications générales lors de l'établissement du programme définitif d'aménagement des eaux dans le Delta du Tonkin.

Thanh-hoa, le 10 avril 1916.

*L'Ingénieur auxiliaire des Travaux publics,*
PEYTAVIN.

# LA CRUE DU FLEUVE ROUGE ET LES INONDATIONS DU TONKIN EN 1915

Coupe schématique des casiers inondés B. D. du Fleuve Rouge entre Lien-Mac et la mer,

*(Étude de la marche des inondations et de la suppression des digues).*

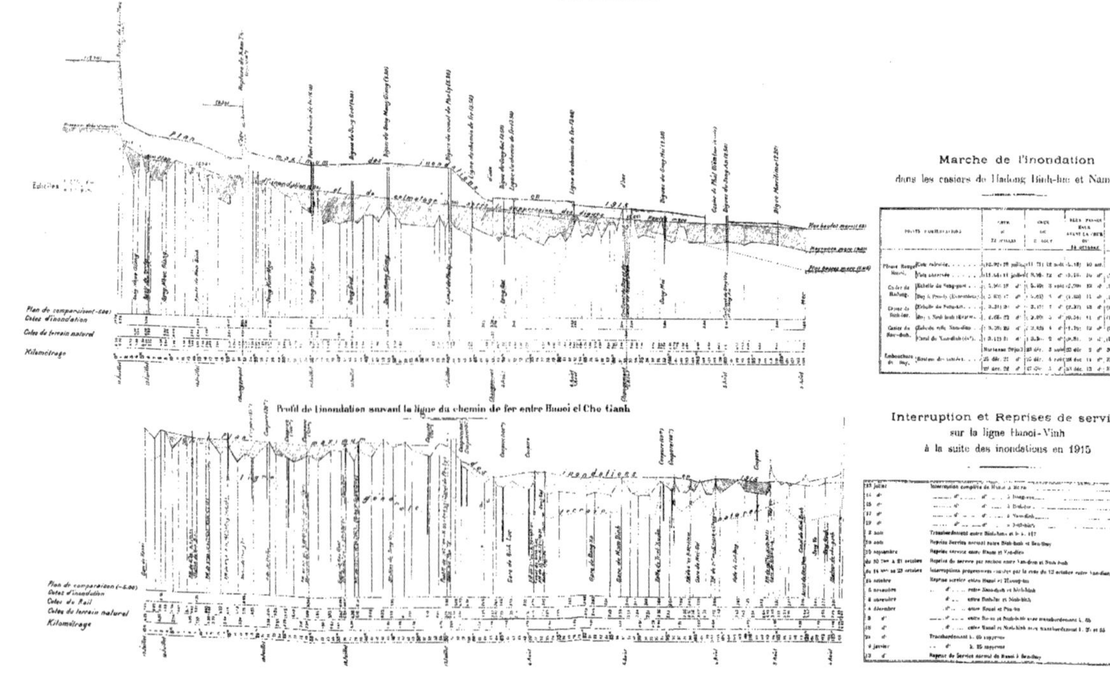

PROFIL POUR L'ÉTUDE DE L'AMÉNAGEMENT DÉFINITIF DU FLEUVE ROUGE

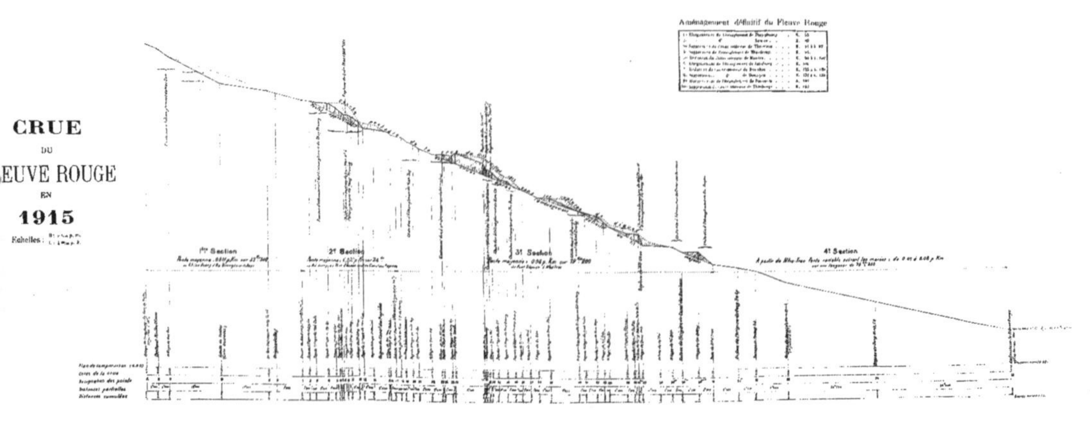

*Les crues du Fleuve Rouge et les inondations du Delta en 1915*

## Graphique des crues supérieures à (7,00) à Hanoi

Les bandes représentant les crues supérieures à (7,00) sont figurées au jour du maximum à Hanoi 1 m/m d'épaisseur des bandes équivaut à 8 jours de durée de la crue

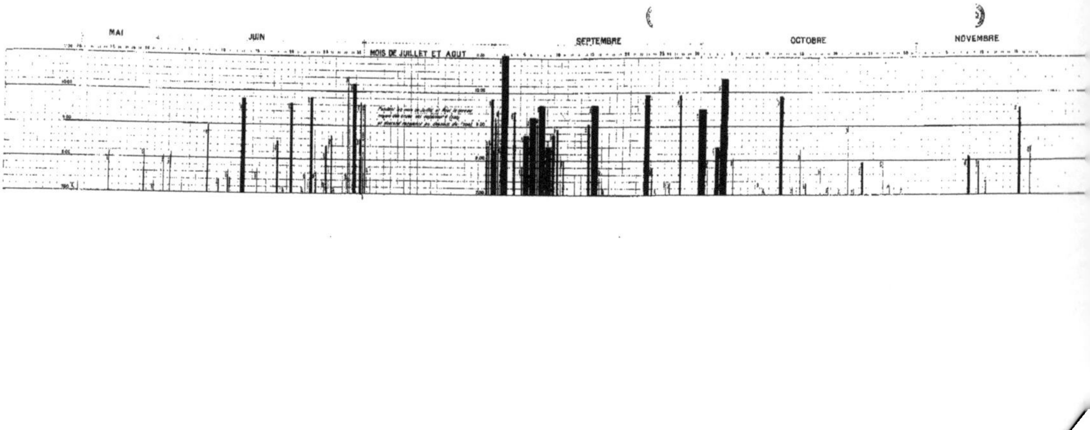

MAI
JUIN
MOIS DE JUILLET ET AOUT
SEPTEMBRE
OCTOBRE
NOVEMBRE

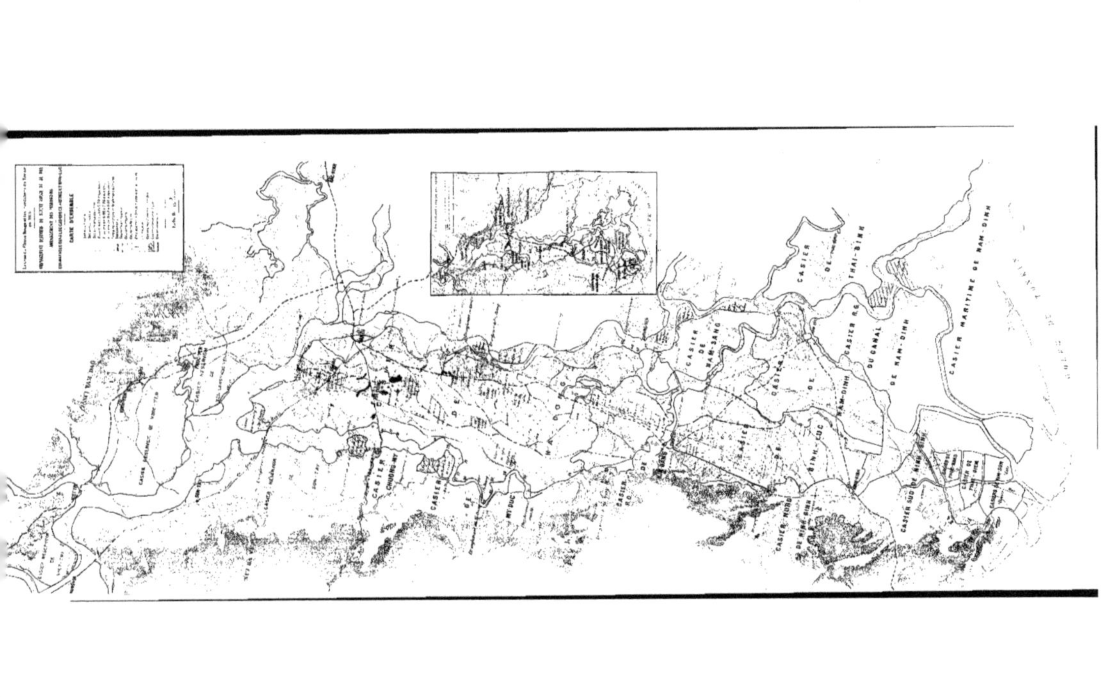
CARTE D'ENSEMBLE
CASIER MARITIME DE NAM-DINH
CASIER DE NAM-SANG
CASIER R.G. THAI-BINH
DU CANAL DE NAM-DINH
CASIER SUD DE NINH-BINH
CASIER NORD DE NINH-BINH
CASIER CHUONG-MY
MY DUC
CASIER R.G.

# CRUE DU DAY EN 1915

## PROFIL SPÉCIAL POUR L'ÉTUDE DE L'AMÉNAGEMENT DÉFINITIF DU DAY

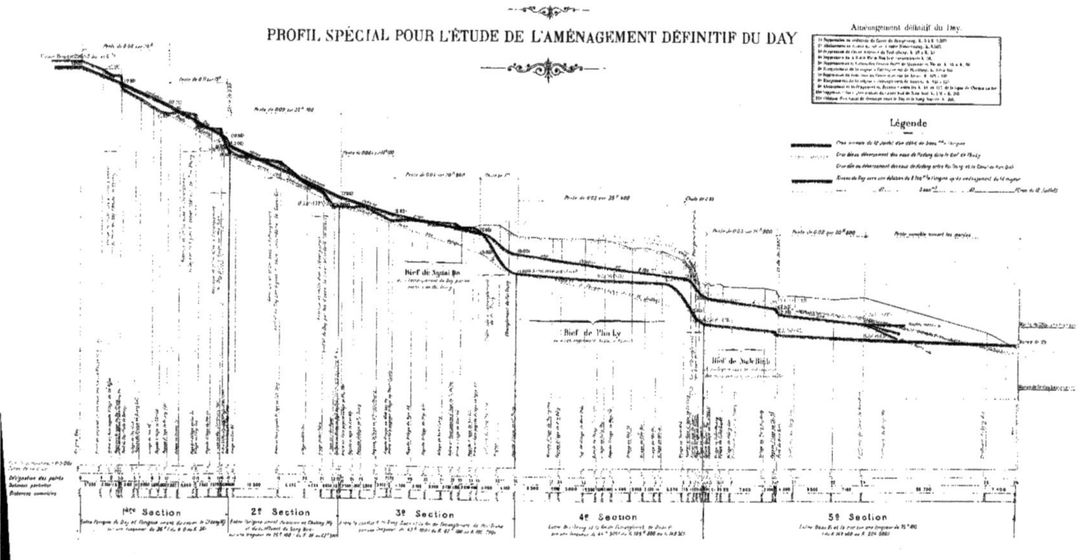

# LES CRUES DU FLEUVE ROUGE ET LES INONDATIONS DU TONKIN EN 1915

Crue d'Aout 1913

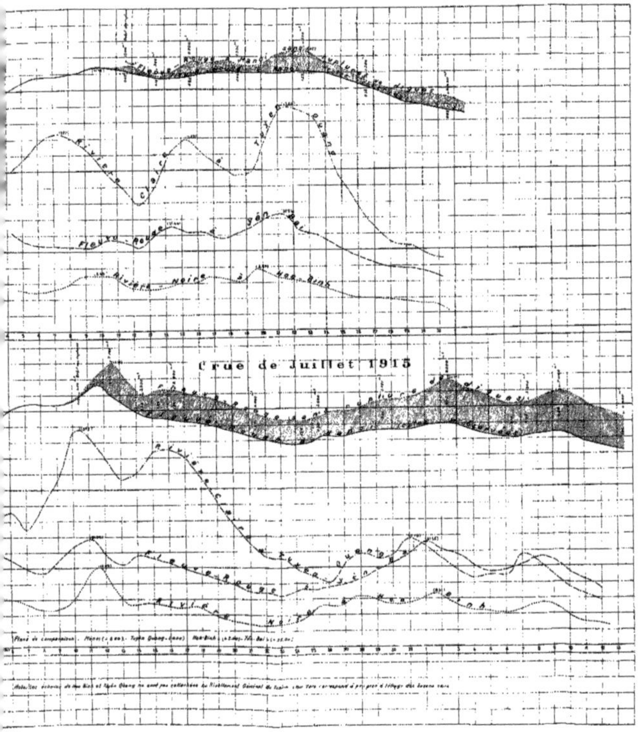

Crue de Juillet 1915

## TABLEAU COMPARATIF

des crues du Fleuve Rouge en 1913 et 1915

**CRUE DE 1913**

| Dates | Yên-Bay 7h matin – Cotes | Yên-Bay – Montées | [illegible] 3h soir – Cotes | [illegible] – Montées | Tuyên-Quang 7h matin – Cotes | Tuyên-Quang – Montées | Hanoi 3h du soir – Montées calculées | Hanoi – Cotes calculées | Hanoi – Cotes observées | Hanoi – Différence causée par les ruptures | Débit des ruptures |
|---|---|---|---|---|---|---|---|---|---|---|---|
| Août | | | | | | | | | | | |
| 3 | | | | | | | | | 9.30 | | |
| 4 | 31.14 | −0.65 | 7.56 | −0.16 | 10.10 | +0.85 | −0.37 | | 10.25 | | |
| 5 | 30.49 | −0.15 | 7.40 | +0.10 | 10.85 | +1.07 | +0.61 | | 10.74 | | |
| 6 | 30.34 | −0.05 | 7.50 | +0.25 | 11.92 | +0.27 | +0.00 | | 10.79 | | |
| 7 | 30.29 | −0.05 | 7.75 | +0.65 | 12.19 | −0.84 | +0.25 | | 10.91 | | m³ |
| 8 | 30.24 | −0.05 | 8.40 | +0.05 | 11.35 | −0.30 | −0.03 | 11.10 | 11.10 | 0. | 0 |
| 9 | 30.19 | −0.45 | 8.45 | −0.05 | 11.08 | −1.46 | +0.15 | 11.35 | 11.38 | +0.03 | |
| 10 | 30.64 | −0.10 | 8.40 | −0.65 | 9.60 | −0.88 | −0.36 | 11.36 | 11.30 | −0.06 | |
| 11 | 30.54 | −0.35 | 7.75 | −0.18 | 8.98 | −1.40 | −0.81 | 11.47 | 11.05 | −0.42 | 1.500 |
| 12 | 30.19 | +0.70 | 7.57 | +0.03 | 7.62 | +1.03 | +0.40 | 11.05 | 10.88 | −0.27 | |
| 13 | 30.49 | +0.55 | 7.60 | +0.30 | 8.65 | +2.25 | +0.31 | 10.78 | 10.63 | −0.15 | 500 |
| 14 | 31.44 | −0.30 | 7.90 | +0.05 | 11.10 | +0.35 | −0.19 | 11.13 | 10.67 | −0.52 | |
| 15 | 31.14 | 0 | 7.95 | +0.40 | 11.45 | −0.45 | +0.14 | 11.70 | 10.81 | −0.89 | 2.700 |
| 16 | 31.14 | −0.40 | 8.35 | −0.10 | 11.00 | −0.70 | −0.97 | 11.90 | [illegible] | [illegible] | |
| 17 | 30.74 | −0.25 | 8.25 | −0.25 | 10.30 | −0.65 | −0.01 | 11.74 | 11.10 | −0.64 | |
| 18 | 30.90 | +0.40 | 8.00 | +0.60 | 9.65 | +0.15 | +0.56 | 11.47 | 11.03 | −0.44 | 1.500 |
| 19 | 31.36 | +0.65 | 8.62 | −0.16 | 9.80 | +2.41 | +0.84 | 11.40 | 10.97 | −0.49 | |
| 20 | 32.04 | +0.20 | 8.40 | −0.20 | 12.21 | +1.43 | +0.08 | 12.02 | 10.98 | −1.05 | |
| 21 | 32.24 | −1.00 | 8.20 | −0.20 | 13.64 | −0.17 | −0.50 | 12.26 | 11.02 | −1.24 | |
| 22 | 31.84 | −0.85 | 8.00 | −0.30 | 13.49 | 0.64 | −0.89 | 12.22 | 10.95 | −1.27 | 1.300 |
| 23 | 30.99 | −0.55 | 7.70 | −0.35 | 13.10 | −2.36 | −0.53 | 11.73 | 11.00 | −0.73 | |
| 24 | 30.44 | −0.56 | 7.35 | −0.30 | 10.74 | −1.85 | 0.48 | 11.44 | 10.73 | −0.71 | |
| 25 | 29.89 | −0.45 | 7.05 | −0.10 | 8.90 | −1.60 | −0.38 | 10.91 | 10.39 | −0.52 | |
| 26 | 29.44 | −0.40 | 6.95 | −0.05 | 7.30 | −1.00 | −0.27 | 10.43 | 10.05 | −0.38 | 1.300 |
| 27 | 29.04 | −0.20 | 6.80 | −0.10 | 6.30 | −0.95 | −0.16 | 10.10 | 9.05 | −1.05 | |
| 28 | 28.84 | −0.05 | 6.80 | −0.15 | 5.35 | −0.11 | −0.10 | 9.60 | [illegible] | −0.02 | |
| 29 | 28.79 | −0.25 | 6.65 | −0.15 | 5.24 | −3.57 | −0.17 | 9.67 | 9.02 | −0.65 | |
| 30 | 29.04 | −0.40 | 6.50 | −0.40 | 1.67 | −0.26 | −0.44 | 9.58 | 8.76 | −0.82 | |
| 31 | 29.14 | | 6.10 | | 1.51 | | | 9.41 | 8.39 | −0.02 | 2.400 |
| 1 | | | | | | | | 8.97 | 8.40 | −0.57 | |
| 2 | | | | | | | | | | | |
| 3 | | | | | | | | | | | |
| 4 | | | | | | | | | | | |
| 5 | | | | | | | | | | | |
| 6 | | | | | | | | | | | |
| 7 | | | | | | | | | | | |
| 8 | | | | | | | | | | | |
| 9 | | | | | | | | | | | |
| 10 | | | | | | | | | | | |
| 11 | | | | | | | | | | | |

**CRUE DE 1915**

| Dates | Yên-Bay 6h matin – Cotes | Yên-Bay – Montées | [illegible] 6h soir – Cotes | [illegible] – Montées | Tuyên-Quang 6h matin – Cotes | Tuyên-Quang – Montées | Hanoi 5h du soir – Montées calculées | Hanoi – Cotes calculées | Hanoi – Cotes observées | Hanoi – Différence causée par les ruptures | Débit des ruptures |
|---|---|---|---|---|---|---|---|---|---|---|---|
| Juillet | | | | | | | | | | | |
| 5 | 30.96 | −0.45 | 8.10 | −0.20 | 9.25 | +0.30 | | | 9.05 | | |
| 6 | 30.51 | −0.60 | 7.90 | −0.45 | 8.55 | −0.98 | | | 10.30 | | |
| 7 | 29.91 | −0.25 | 7.45 | −0.15 | 7.45 | +1.40 | | | 10.14 | | |
| 8 | 29.60 | +0.80 | 7.30 | +0.30 | 8.85 | +2.07 | +0.64 | | 10.37 | | |
| 9 | 30.46 | +0.90 | 7.60 | +1.20 | 11.55 | +2.03 | +1.40 | 10.42 | 10.43 | 0 | m³ |
| 10 | 31.36 | +0.50 | 8.80 | +1.00 | 13.77 | −0.26 | +0.78 | 11.07 | 10.94 | −0.13 | 400 |
| 11 | 31.86 | −1.10 | 10.02 | −1.80 | 13.38 | −1.36 | −1.19 | 12.15 | 11.24 | −0.52 | |
| 12 | 30.75 | −0.65 | 8.70 | −1.12 | 12.02 | −1.56 | −0.85 | 12.82 | 10.83 | −2.09 | 1.200 |
| 13 | 30.11 | +0.64 | 7.58 | +0.15 | 10.62 | +0.40 | +0.49 | 11.73 | 10.17 | −1.56 | |
| 14 | 30.75 | −0.19 | 7.73 | −0.15 | 11.00 | +1.32 | −0.10 | 10.83 | 9.47 | 1.28 | 3.300 |
| 15 | 30.56 | −0.50 | 7.58 | −0.22 | 12.34 | +0.11 | −0.25 | 11.25 | 9.16 | −1.80 | |
| 16 | 30.06 | +0.40 | 7.36 | +0.11 | 12.45 | −0.50 | −0.16 | 11.15 | 9.28 | 1.87 | 1.900 |
| 17 | 29.88 | −0.34 | 7.52 | −0.44 | 11.90 | −1.33 | −0.40 | 10.90 | 9.18 | 1.72 | |
| 18 | 29.50 | −0.35 | 7.08 | −0.36 | 10.60 | −1.55 | −0.40 | 10.74 | 9.00 | 1.74 | |
| 19 | 29.21 | −0.31 | 6.72 | −0.23 | 9.05 | −1.35 | −0.30 | 10.34 | 8.72 | −1.62 | |
| 20 | 28.91 | −1.15 | 4.40 | −0.16 | 7.70 | −1.17 | −0.31 | 9.94 | 8.40 | −1.54 | |
| 21 | 27.40 | −0.65 | 6.33 | +0.05 | 6.53 | −0.88 | −0.04 | 9.64 | 8.07 | −1.57 | 1.000 |
| 22 | 28.11 | −0.20 | 6.38 | +0.06 | 5.65 | −0.08 | −0.07 | 9.30 | 7.86 | −1.44 | |
| 23 | 28.01 | +0.50 | 6.44 | +0.32 | 5.57 | −0.08 | −0.16 | [illegible] | 7.70 | 1.56 | |
| 24 | 28.51 | +0.05 | 6.76 | +0.78 | 4.89 | −0.44 | +0.36 | 9.15 | 7.08 | 1.60 | |
| 25 | 28.56 | +0.15 | 7.53 | −0.05 | 4.15 | −0.45 | +0.05 | 9.45 | 8.15 | 1.30 | 2.607 |
| 26 | 28.71 | +0.14 | 7.50 | +1.00 | 4.30 | +1.25 | +0.30 | 9.81 | 8.44 | −1.37 | |
| 27 | 28.85 | +0.40 | 8.50 | +0.01 | 5.55 | +0.55 | +0.22 | 9.84 | 8.34 | 1.50 | |
| 28 | 29.25 | +0.05 | 8.51 | −0.44 | 5.83 | −0.27 | +0.08 | 10.73 | 8.58 | −1.57 | |
| 29 | 29.31 | +0.15 | 5.70 | 0.93 | 5.68 | +0.77 | +0.22 | 10.45 | 8.64 | −1.81 | 3.100 |
| 30 | 29.46 | +0.40 | 7.60 | +0.30 | 5.76 | +1.05 | +0.48 | 10.58 | 8.57 | −1.98 | |
| 31 | 29.86 | +0.70 | 7.98 | +0.83 | 8.70 | 0.55 | +0.44 | 10.75 | 8.73 | −2.02 | |
| 1 | 30.64 | −0.55 | 8.81 | −0.50 | 6.25 | −0.71 | −0.53 | 11.22 | 8.95 | −2.28 | |
| 2 | 31.01 | −0.25 | 7.81 | −0.47 | 6.55 | −0.80 | −0.31 | 11.71 | 8.98 | −2.73 | 6.200 |
| 3 | 30.76 | −0.75 | 7.40 | −0.15 | 4.74 | −0.41 | −0.45 | 11.12 | 8.70 | −2.42 | |
| 4 | 30.01 | −0.25 | 7.26 | −0.13 | 4.81 | +0.20 | −0.22 | 10.81 | 8.36 | −2.46 | |
| 5 | 29.66 | +0.55 | 7.13 | +0.05 | 4.50 | −0.06 | +0.70 | 10.39 | 8.14 | −2.25 | |
| 6 | 29.81 | +0.25 | 7.12 | +0.41 | 4.44 | +1.38 | +0.41 | 11.17 | 8.05 | −2.12 | |
| 7 | 30.06 | +0.44 | 7.56 | +0.10 | 5.82 | −0.30 | +0.28 | 10.26 | 8.17 | −2.09 | 3.500 |
| 8 | 30.50 | −0.25 | 7.72 | 0.17 | 5.52 | −0.88 | −0.35 | 10.07 | 8.21 | −2.36 | |
| 9 | 33.26 | −0.74 | 7.26 | −0.80 | 4.64 | −0.74 | −0.87 | 10.95 | 8.37 | −2.58 | |
| 10 | 28.64 | −0.40 | 6.03 | −0.10 | 3.70 | −0.44 | −0.36 | 10.56 | 8.00 | −2.59 | 7.400 |
| 11 | 29.21 | −0.82 | 6.47 | −0.21 | 3.99 | −0.50 | −0.44 | 9.92 | 7.60 | −2.32 | |
| 12 | 28.56 | | 6.29 | | 2.85 | | | 9.02 | 7.13 | −2.19 | |
| 13 | | | | | | | | 9.18 | 7.22 | −1.96 | 4.100 |

## TABLEAU DES PLUS FORTES CRUES DEPUIS 1884

| Date des crues | Cotes observées | Cotes calculées | Différences | Observations |
|---|---|---|---|---|
| Août 18[illegible] | [illegible] | [illegible] | [illegible] | Les renseignements sur cette crue sont douteux. |
| 14 Août 1904 | 11.50 | 13.58 | 2.05 | Fonctionnement déversoir Vinh-yên coupure de [illegible] à Lam-[illegible]. |
| 22 Juillet 1915 | 11.41 | 12.92 | 1.51 | Rupture de Xuân-thi à l'aval Hanoi et ruptures à [illegible] commencement rupture de Liên-mac. |
| 22 Août 1913 | 11.35 | 12.32 | 0.97 | Rupture digue R. D. Fleuve Rouge à [illegible] et [illegible]. |
| 25 Juillet 1911 | 11.25 | 11.90 | 0.65 | Rupture digue Fleuve Rouge aval [illegible] et [illegible]. Ruptures sur Canal rapides. |
| 2 Août 1915 | 8.98 | 11.71 | 2.73 | Ruptures de Xuân-thi et de Liên-mac toutes deux très importantes. |
| 6 Juillet 18[illegible] | [illegible] | 11.60 | 1.02 | Fonctionnement des déversoirs Vinh-yên. |
| 21 Juillet 18[illegible] | [illegible] | 11.25 | [illegible] | Fonctionnement partiel des déversoirs du Vinh-yên. |
| 11 Août 1913 | [illegible] | 11.37 | [illegible] | Ruptures digue R. D. Fleuve Rouge à Vinh-yên et Phuc-yên. |
| 2 Sept. 1904 | [illegible] | [illegible] | 0 | Pas de ruptures avant Hanoi. |
| 26 Juin 1901 | [illegible] | 11.00 | [illegible] | Fonctionnement partiel des déversoirs du Vinh-yên. |
| 18 Août 1905 | [illegible] | [illegible] | 0 | Pas de ruptures importantes avant Hanoi. |
| 17 Juillet 1902 | [illegible] | 10.30 | 0.40 | Fonctionnement partiel des déversoirs du Vinh-yên. |

www.ingramcontent.com/pod-product-compliance
Ingram Content Group UK Ltd.
Pitfield, Milton Keynes, MK11 3LW, UK
UKHW022129190726
13855UKWH00003B/1086

9 782013 049979